Título do original norte-americano:
Bullies, Tyrants, and Impossible People
Copyright © 2005 by Ronald M. Shapiro e Mark A. Jankowski

Bullies
Copyright da tradução © Butterfly Editora Ltda. 2008

Direitos autorais reservados.
É proibida a reprodução total ou parcial, de qualquer forma ou por qualquer meio, salvo com autorização da Editora.
(Lei nº 9.610, de 19 de fevereiro de 1998.)

Direção editorial: Flávio Machado
Assistente editorial: Dirce Yukie Yamamoto
Tradução: Yma Vick
Chefe de arte: Marcio da Silva Barreto
Capa e projeto gráfico: Ricardo Brito
Foto da capa: Mikael Damkier / StockXpert
Revisão: Luiz Chamadoira
Auxiliar de revisão: Adriana Maria Cláudio
Fotolito da capa: Paty Digital

Dados Internacionais de Catalogação na Publicação (CIP)
(Câmara Brasileira do Livro, SP, Brasil)

Shapiro, Ronald M.
 Bullies : tiranos, valentões e pessoas difíceis : como conviver com eles / Ronald M. Shapiro, Mark A. Jankowski, James Dale ; [tradutora Yma Vick]. – São Paulo : Butterfly Editora, 2008.

 Título original: Bullies, tyrants, and impossible people.
 ISBN 978-85-88477-76-6

 1. Comportamento agressivo 2. Conflito interpessoal 3. Convivência – Regras 4. Psicologia aplicada 5. Relações interpessoais I. Jankowski, Mark A.. II. Dale, James III. Título.

08-04196   CDD: 158.2

Índice para catálogo sistemático:
1. Pessoas difíceis : Relações interpessoais : Psicologia aplicada   158.2

Butterfly Editora Ltda.
Rua Atuaí, 383 – Sala 5
Vila Esperança/Penha
CEP 03646-000 – São Paulo – SP
Fone: (0xx11) 2684-9392
www.flyed.com.br | flyed@flyed.com.br

Impresso no Brasil, no inverno de 2008 pela:
SERMOGRAF – Artes Gráficas e Editora Ltda.

1-7-08-4.000

BULLIES

TIRANOS, VALENTÕES E PESSOAS DIFÍCEIS: COMO CONVIVER COM ELES

RONALD M. SHAPIRO
MARK A. JANKOWSKI
com JAMES DALE

Tradução
YMA VICK

São Paulo – 2008

Para meu amor, Cathi, e nossos maravilhosos filhos e netos. Que eles possam viver em um mundo com menos tiranos.

RONALD M. SHAPIRO

Agradeço a meu pai por me mostrar o caminho, à minha mãe por me incentivar desde meus primeiros passos, a meus irmãos por desbravarem o mundo à minha frente e a meus amigos por tornarem minha vida tão bela e divertida. A Lori, Jack, Anna e Rosa por me fazerem ver as coisas sob uma perspectiva mais ampla.

MARK A. JANKOWSKI

Agradecimentos

Jim Dale foi nosso grande parceiro enquanto escrevíamos este livro e se tornou um bom amigo e conselheiro. Sem ele com certeza ainda não o teríamos terminado.

Devemos muito também a nosso empresário, David Black, que nos orientou e defendeu nossa causa, e a Michael Winger, que foi muito paciente durante todo o processo. Paul Sandler, Michael Maas, juiz Lawrence Rodowsky, Steve Bisciotti, Bill Polian, Randy Levine, Michael Bryant e Jim Novick também nos deram muitas idéias e apoio.

Agradecemos ainda a nosso maravilhoso grupo no Shapiro Negotiations Institute, que muitas vezes precisa utilizar as técnicas N.I.C.E. para lidar conosco.

Nossas esposas, Cathi e Lori, estiveram o tempo todo ao nosso lado encorajando-nos durante a elaboração desta obra. Agradecemos a elas por isso e por muito mais.

E a todas as pessoas (tantas que nem há espaço para mencionar) que nos ajudaram e tornaram possível a publicação deste livro. Somos muito gratos a elas.

Sumário

Introdução:
    Era uma vez um negócio (uma história desastrosa com final feliz) 13

PARTE UM
A MELHOR ESTRATÉGIA PARA COMBATER OS BULLIES (VALENTÕES, TIRANOS E PESSOAS DIFÍCEIS) SEM SE TORNAR UM DELES

Capítulo 1:
    A técnica N.I.C.E.: Como se defender 19

Capítulo 2:
    O advogado que perdeu a paciência e a causa: Se você não controla suas emoções, elas controlam você 26

Capítulo 3:
    Reúna todos na mesma sala: Conheça melhor as pessoas ou jamais aprenderá a lidar com elas 33

Capítulo 4:
    "Não trocamos dinheiro": Tudo o que pode nos tirar do sério 40

Capítulo 5:
    Desonesta: Ultimatos sem opções levam a impasses sem solução 45

PARTE DOIS
N – NEUTRALIZE SUAS EMOÇÕES: APRENDA A AGIR EM VEZ DE REAGIR

Capítulo 6: O diretor financeiro: Entre fugir ou ficar, a melhor estratégia ainda é aprender a identificar o melhor foco de ação..............53

Capítulo 7: Ele me chamou de "escória": Mude sua fisiologia e mudará sua mente..............65

PARTE TRÊS
I – IDENTIFIQUE O TIPO DE PESSOA COM QUEM ESTÁ LIDANDO: SAIBA EXATAMENTE O TIPO DE DIFICULDADE QUE IRÁ ENFRENTAR

Capítulo 8: Caso de polícia: Como lidar com pessoas que se tornam difíceis quando estão sob estresse..............91

Capítulo 9: O atendente da loja de revelação de filmes: Como lidar com pessoas estrategicamente difíceis..............105

Capítulo 10: Aquele maldito chefe: Como lidar com pessoas simplesmente difíceis..............116

PARTE QUATRO
C – PREPARE-SE PARA O CONFRONTO: TENHA CONTROLE SOBRE OS RESULTADOS

Capítulo 11: Tratamento de primeira linha: Como administrar um confronto com pessoas que se tornam difíceis em situações de estresse..............133

Capítulo 12: O pequeno grande homem: Como administrar o confronto com pessoas estrategicamente difíceis 163

Capítulo 13: O dinheiro fala mais alto: Como administrar o confronto com pessoas muito difíceis 187

PARTE CINCO
E – EXPLORE TODAS AS POSSIBILIDADES: COMO "SE SAFAR" DE UM *BULLY*

Capítulo 14: Pai, tive uma idéia. Já sei como pode me castigar...: Como transformar becos sem saída em possibilidades de solução................................229

Capítulo 15: Um grande contrato de TV: Como trabalhar com diferentes possibilidades.............................238

Capítulo 16: Opções de jogo: Como avaliar os dois lados de uma situação 246

Capítulo 17: Eu disse – ele disse: Como pôr fim a uma discussão sem agravá-la 258

Introdução

ERA UMA VEZ UM NEGÓCIO
(uma história desastrosa com final feliz)

Era uma vez um especulador (vamos chamá-lo de L.M.) especializado em depredar empresas de bons produtos, mas com problemas de administração. Era conhecido no mercado como um verdadeiro *bully*, destruindo tudo e todos que cruzavam seu caminho. A simples ameaça de colocá-lo em um negócio era suficiente para que muitos administradores fizessem concessões sem pestanejar. Sua estratégia era apoderar-se das empresas, demitir pessoal, reduzir a qualidade dos produtos e usufruir os lucros restantes até a total falência do negócio. Quando nada mais restava da empresa, partia para outra.

Uma de suas primeiras vítimas foi uma indústria que usava um composto de palha e feno para construir casas de baixo custo (e durabilidade relativa). L.M. utilizou suas costumeiras táticas de coerção e ameaça, fazendo com que o presidente, que vamos chamar P.P., acenasse a bandeira branca sem muito esforço. L.M. demitiu toda a diretoria, eliminou o controle de qualidade e passou a desfrutar dos lucros restantes.

Orgulhoso de seu sucesso e mais confiante do que nunca, sua atenção voltou-se depois para uma empresa de construção de casas com madeira rústica. Pressionou até fazer com que o diretor, S.P., lhe entregasse a empresa e, seguindo a mesma estratégia de sempre, desestruturou-a e sugou seus lucros até que nada mais restasse do negócio.

Sentindo-se ainda mais poderoso, L.M. decidiu que já estava na hora de atacar uma empresa de maior porte; sua próxima vítima seria então uma companhia de construção de casas de alvenaria para fazendas. O fundador da empresa, T.P., um empresário experiente, já havia ouvido falar da estratégia de L.M. e por isso não se deixou levar por sua argumentação. Estudou cuidadosamente as possibilidades e recusou polidamente a oferta. L.M. decidiu contra-atacar, passando a pressionar os investidores da empresa e ameaçando tomar providências legais, o que gerou polêmica entre os membros da diretoria até conseguir que alguns deles ficassem a seu lado. T.P. percebeu qual era a estratégia, reuniu todos e descreveu exatamente qual seria o futuro da empresa caso a entregassem a L.M. A diretoria votou e decidiu manter a estrutura da companhia.

O conglomerado de L.M., que se tornava cada vez mais conhecido e perdia rapidamente o valor de mercado, começou a desmoronar e ele foi forçado a vendê-lo. O comprador? A empresa de T.P., que reergueu rapidamente o grupo.

A estratégia de L.M., baseada em corrupção e tirania, funcionou muito bem até que ele encontrou um adversário à altura, que logo percebeu qual era a situação e utilizou técnicas adequadas para enfrentá-lo.

Se você achou que essa história lhe lembra algo, acertou. É a história dos Três porquinhos. O grande Lobo Mau (L.M.) soprou e soprou até derrubar a casinha de palha do Primeiro Porquinho (P.P.) e depois a do Segundo Porquinho (S.P.). Mas esbarrou na casinha de alvenaria do Terceiro Porquinho (T.P.). Tentou entrar furtivamente pela chaminé, mas o dono da casa sabia como lidar com lobos maus. E é exatamente isso que iremos lhe ensinar: lidar com os *bullies* (os famosos tiranos, valentões e pessoas difíceis que se encontram em toda parte) sem precisar se tornar um deles.

Para isso apresentamos um conjunto de técnicas que chamamos de N.I.C.E. (*"nice"* em Inglês quer dizer "gentil, agradável", ou seja, o oposto de *"bully"*). Demos a cada letra dessa palavra um significado, que vamos apresentar a seguir. Trata-se de técnicas simples mas extremamente eficazes para negociar, pensar e agir em tempo de evitar o ataque desses seres sádicos e malucos que andam por aí. Não é preciso se tornar um deles. Basta respirar fundo e se acalmar (a não ser nos casos em que perder a calma faz parte da estratégia para assumir o controle da situação). Também vamos mostrar que é possível perder a calma sem perder a integridade. E que não é preciso desistir, se abalar ou se deixar usar, manipular e se submeter a sacrifícios e à vontade alheia. As técnicas que apresentamos a seguir se aplicam a todas as áreas de sua vida: familiar, social e profissional.

1. Vamos lhe ensinar como conseguir aquilo que deseja, seja um ideal, uma negociação, uma transação, um contrato, uma venda, um contato ou uma simples conversa. Não importa se quem está do outro lado da mesa, do balcão, do telefone, do computador ou do muro do jardim é uma pessoa difícil. Não é preciso acenar a bandeira branca, fugir ou se tornar um *bully* também.
2. Para simplificar a teoria utilizamos a sigla N.I.C.E.:
   Neutralize as emoções
   Identifique o tipo de pessoa com quem está lidando
   Controle o confronto
   Explore todas as possibilidades
3. Nosso objetivo é proporcionar ferramentas e exercícios para ajudá-lo a encontrar todas as alternativas para lidar com pessoas difíceis.
4. Apresentaremos essa teoria mostrando casos que refletem circunstâncias da vida real. São histórias que acontecem

no dia-a-dia com pessoas que precisam lidar com diferentes situações como compra e venda, gerenciamento de pessoal, identificação e desenvolvimento de habilidades de funcionários para o remanejamento de cargos, divulgação de produtos e serviços, motivação de pessoal, solicitação de aumento de salário, fazer amigos, paquerar, relacionar-se com familiares, estabelecer parcerias comerciais, resolver impasses gerenciais, greves, fechar contratos esportivos, tomar decisões rápidas, negociar com artistas, agentes, produtores e diretores de estúdios, grandes empresas e administrar conflitos familiares. As histórias que apresentamos (anônimas ou não) ilustram e demonstram o funcionamento do sistema N.I.C.E. e como você pode aplicá-lo às mais difíceis situações.

PARTE UM

A MELHOR ESTRATÉGIA PARA COMBATER OS BULLIES (VALENTÕES, TIRANOS E PESSOAS DIFÍCEIS) SEM SE TORNAR UM DELES

CAPÍTULO 1

A TÉCNICA N.I.C.E.
Como se defender

OS *BULLIES* ESTÃO EM TODA PARTE

Podem-se encontrar pessoas difíceis no escritório, na rua, em lojas, em um avião, em filas, no trânsito, na Internet e até no telefone. São homens, mulheres, velhos extravagantes, jovens mal-humorados, estranhos, pessoas de nossa família e até indivíduos que se consideram nossos amigos. Às vezes parece que estamos rodeados de pessoas difíceis: o chefe, para quem nada está bom, o cliente que sempre acha tudo caro, o vizinho ao lado, dono de um cachorro que late a noite toda, o folgado que se senta entre duas cadeiras no cinema e não dá a mínima importância se você está com outra pessoa e gostaria de ficar ao lado dela, o *maître* do restaurante, que ignora sua presença e sua reclamação sobre os pratos, o rapaz do departamento de bagagens extraviadas do aeroporto que parece não ter a mínima vontade de ajudar, o guarda do estacionamento "zona azul" que vê você sair desesperado correndo para comprar um talão e colocar a filipeta no pára-brisa – mas lhe dá uma multa assim mesmo, o maldito construtor que prefere ficar com o imóvel vazio a vender por um preço mais baixo, o comprador que joga os distribuidores uns contra os outros até que um deles ceda e baixe o preço dos seus produtos, aquele corretor para quem a comissão é mais importante que a venda e o maldoso CEO, que só se importa com seu frágil ego e nada mais.

Pessoas difíceis podem transformar nossa vida em um martírio. Cada tentativa de conversa é uma guerra. Cada venda é um grande teste de paciência. Cada reunião é uma batalha. Cada negociação é uma disputa sem fim. Pequenos detalhes se transformam em grandes problemas. O cansaço é tanto que acabamos ficando tentados a nos transformar em pessoas difíceis também, para poder combater fogo com fogo, teimosia com teimosia, raiva com raiva e ego com ego. Mas é uma estratégia que raramente funciona e causa mais situações difíceis do que resultados.

BEM, VOCÊ NÃO É UM *BULLY*, E SIM UMA PESSOA NORMAL. O QUE FAZER ENTÃO PARA CONVIVER COM OS *BULLIES*?

Você é uma pessoa gentil e faz o possível para viver bem com todos. Claro, seu humor não precisa ser bom o tempo todo, mas você tenta tratar todos da melhor maneira possível e acha importante que o considerem uma pessoa de bem. O mundo está cheio de indivíduos como você, que passam por momentos difíceis, não gostam de ser explorados, têm momentos de explosão, têm opinião própria, princípios, limites e, obviamente, momentos em que também são teimosos e impacientes. Mas são, em geral, "pessoas muito boas", que vivem da melhor maneira possível e tentam encontrar soluções para os conflitos, sejam eles no trabalho, na vida social ou na vida familiar.

Quando se interage com pessoas do tipo equilibrado e racional encontrar soluções é relativamente simples. Algumas situações podem ser mais trabalhosas e exigir mais tempo e paciência; outras, bastante complicadas e aparentemente sem solução, mas quando se tem boa vontade tudo é possível. Basta ouvir com atenção, ser flexível, estar disposto a aprender e encontrar soluções intermediárias que satisfaçam a ambas as partes. Mas (e enfatizamos esse "mas") o que acontece quando nos confrontamos com alguém que não *é* gentil ou equilibrado, não faz a mínima questão de ser e não se importa com as outras pessoas e com o que elas pensam? O que fazer quando se encontra um tipo desses (e o mundo está cheio deles)? O que fazer, "senhor Bonzinho"? Se a outra parte não coopera ou age de maneira equilibrada, como resolver os problemas, estabelecer pactos, resolver disputas ou simplesmente decidir onde ir jantar? O que fazer quando se está do outro lado da mesa, da linha ou mesmo frente a frente com um indivíduo irracional, desagradável e muito difícil de lidar? Quais as opções?

a) Desistir? Correr para um local seguro, fechar os olhos e esperar até que tudo se resolva? Se ele ataca, logo de início, você acena a bandeira branca e se entrega sem lutar? Se vai direto ao seu ponto fraco, na primeira oportunidade você dá a outra face e se deixa abater?

b) Dar o troco na mesma moeda? Você deixa de lado seus princípios e contra-ataca de maneira tão rude e irracional quanto ele? Ou consegue ser ainda pior?

ou

c) Existe alternativa? Será que é possível lidar com essas pessoas de maneira simples e "gentil"?

N.I.C.E., O ANTÍDOTO PARA LIDAR COM PESSOAS DIFÍCEIS

Uma pessoa difícil está sempre mal-humorada, é irracional, sensível ao extremo, exigente, obtusa, tirana, ilógica, rude e lidar com ela é sempre uma experiência desagradável, inconveniente e faz muito mal. A maioria de nós prefere evitar qualquer contato pessoal, por *e-mail*, telefone, e até desiste de fazer negócios só de pensar em tratar com alguém assim. Mas não podemos enfiar a cabeça na areia e esperar que todos os problemas se resolvam sozinhos.

Por isso desenvolvemos a estratégia N.I.C.E.:

Neutralize as emoções
Identifique o tipo de pessoa com quem está lidando
Controle o confronto
Explore todas as possibilidades

N.I.C.E.
O SISTEMA E COMO ELE FUNCIONA

N – Neutralize as emoções – Lidar com pessoas difíceis pode ser uma experiência emocionalmente desgastante. E se deixarmos nos levar pelas emoções, acabaremos agindo de maneira irracional. Já se as mantivermos sob controle, encontraremos mais facilmente soluções para os problemas.

I – Identifique o tipo de pessoa com quem está lidando – Basicamente há três tipos de pessoas difíceis (e algumas possibilidades de combinação delas).

1. Pessoas difíceis em situações de estresse – quando enfrentam problemas se tornam difíceis de lidar.
2. Pessoas estrategicamente difíceis – acreditam que agir de maneira irracional seja eficaz.
3. Pessoas simplesmente difíceis – já nascem difíceis; é um comportamento arraigado.

C – Controle o confronto – Uma vez identificado o tipo de pessoa, fica mais fácil empregar as técnicas apropriadas para atenuar e contornar a situação, obtendo os resultados desejados. Assim se evitam confrontos diretos e é possível negociar.

E – Explore todas as possibilidades – Mesmo controlando o confronto ainda podemos nos encontrar diante de impasses. O processo de "nos livrarmos" de um *bully* envolve a análise de alternativas para que se encontre um meio-termo (e há sempre a última opção quando não existe a menor possibilidade de acordo, que é finalizar a discussão sem agravá-la, deixando a porta aberta para futuras negociações).

O sistema que apresentamos é muito simples e lógico, mas precisa ser totalmente compreendido e colocado em prática para funcionar perfeitamente. Emoções não correspondem necessariamente a lógica. E nem sempre é possível identificar com precisão o tipo de pessoa que temos à nossa frente. O processo exige certa dose de criatividade e paciência e muitas vezes a vontade de desistir ou de partir para um confronto direto é muito grande. É preciso analisar a situação com calma e com disciplina. Jamais se esqueça de que você está enfrentando um desafio, um obstáculo humano, barreira ao progresso e às mudanças, alguém que, consciente ou inconscientemente, não gosta de facilitar ou simplificar a vida.

Pessoas difíceis são as que normalmente apresentam comportamento: a) reativo, b) manipulador, c) recusam-se a cooperar ou d) uma combinação dessas características.

Alguns exemplos: Idi Amin, Saddam Hussein e personagens típicas como o Lobo Mau ou um garçom mal-educado.

Costuma-se pensar que pessoas gentis têm sempre um comportamento: a) maleável, b) passivo ou c) extremamente complacente.

Exemplos: autoridades de países e políticos sem vontade própria, comandados por seus partidos.

Mas nossa definição de pessoas boas e gentis é um pouco diferente. Na verdade, pessoas assim são: a) centradas, b) confiantes e c) desembaraçadas.

Exemplos: Nelson Mandela, Gandhi, Henry Kissinger, Warren Buffet, Joe Montana e também diplomatas e atletas de sucesso.

Queremos deixar bem claro que ser uma pessoa boa não é o mesmo que ser fraco ou ingênuo. As técnicas N.I.C.E. existem para ajudá-lo a lidar com indivíduos difíceis sem ter de se submeter a eles ou modificar seu comportamento, tornando-se tão agressivo e negativo quanto eles.

Mesmo as melhores pessoas se sentem tentadas a reagir diante de indivíduos difíceis. Mas isso não leva a resultados positivos.

N.I.C.E.
NÃO SE TRATA APENAS DE TEORIA (E DE UMA BOA IDÉIA), MAS DE UM MÉTODO SISTEMÁTICO DE RESULTADOS COMPROVADOS.

O método apresenta uma série de técnicas estudadas e testadas para ajudá-lo a solucionar problemas que surgem em situações difíceis no trabalho, em reuniões sociais, negociações, acordos, situações do dia-a-dia e discussões em família.

E funciona porque:

1. Permite a você saber, quase automaticamente, o que fazer antes de reagir a uma pessoa ou situação difícil;
2. Ajuda a adquirir hábitos novos, mais eficazes e menos defensivos em sua vida;

3. Ajuda a compreender aquilo que você fez de certo ou errado em determinadas situações e a aprender com os erros para evitar sua repetição.

Capítulo 2

O ADVOGADO QUE PERDEU A PACIÊNCIA E A CAUSA:
Se você não controla suas emoções, elas controlam você

O PRIMEIRO PASSO DA TÉCNICA N.I.C.E. É APRENDER A IMPORTÂNCIA DO autocontrole ao lidar com pessoas difíceis. Elas sempre agem de maneira a causar reações extremas nos outros. E reagir a essas investidas quase sempre significa perder o controle. Ninguém consegue agir o tempo todo de maneira analítica. Nossos reflexos naturais são muito rápidos, mas nem sempre desejáveis. Basta receber um insulto e já queremos responder à altura. Com isso nos tornamos agressivos e deixamos de aprender com as experiências. Deixamos de crescer.

A melhor estratégia para lidar com esse tipo de situação é tentar neutralizar as emoções e manter (ou resgatar) uma postura neutra durante o confronto. Quanto maior o controle, mais fácil se torna utilizar as técnicas N.I.C.E. Emoções não ajudam a estabelecer táticas de ação. Elas são demonstrações de nossos sentimentos. Guarde-as para ocasiões em que são necessárias, como casamentos e filmes tristes.

Pessoas difíceis são como aqueles pratos dos cardápios de comida mexicana que vêm com pimentinhas desenhadas ao lado. Quanto mais pimentinhas, mais picante é o prato. Melhor tomar um antiácido. Neutralize e acalme as emoções. Neutralize e acalme as emoções antes de qualquer coisa.

A história seguinte, de um advogado chamado Ron, demonstra exatamente o que não se deve fazer quando nossas emoções estão sendo postas à prova. Ele se irritou e perdeu o controle ao invés de se acalmar e assumir o controle da situação.

O ADVOGADO QUE PERDEU A PACIÊNCIA E A CAUSA
O QUE ACONTECE QUANDO NÃO CONTROLAMOS AS EMOÇÕES

Para os recém-graduados que ingressavam no mercado de trabalho, o final dos anos 60 e início dos 70 foi uma prévia do que viria a ocorrer na era da informática, que se iniciou nos anos 90. O mercado era de quem vendesse melhor seu produto. Os jovens advogados eram como bens de consumo e os escritórios de advocacia, os compradores. Eu tive a sorte de ser graduado com honras pela Universidade de Harvard e por isso recebi oferta de diversos escritórios reconhecidos no país. Aceitei uma delas e passei a trabalhar em uma empresa proeminente da região. Além de um salário muito bom para um recém-formado (embora fosse apenas um terço do que se receberia nos anos 90), a proposta incluía a oportunidade única de "fazer o que eu achasse melhor", ou seja, escolher as áreas de atuação que mais me interessassem. Optei pelos casos de direitos civis. Trabalharia com um número específico de casos e ocuparia o resto de meu tempo com litígios de direitos civis *pro bono* (serviço gratuito, sem lucros para a empresa).

Assumi o caso de uma empresa chamada Baltimore Neighborhoods Inc., que tratava da desagregação de alguns apartamentos na cidade de Baltimore. Embora a lei não fosse clara quanto ao caso, tratava-se de discriminação. Os proprietários de alguns dos apartamentos do complexo utilizavam-se de diversas desculpas e empecilhos para deixar de alugar os imóveis para indivíduos afro-americanos.

Para averiguar a situação, enviamos falsos proponentes locatários com perfil monetário semelhante, porém de pele branca. A tática funcionou, conseguimos provar que se tratava de discriminação e fizemos progressos.

Passamos então a investigar um complexo de apartamentos chamado The Balmoral e enviamos duas proponentes locatárias às quais chamamos "As duas Carols". Eram voluntárias que acreditavam na causa pela qual estávamos lutando e decidiram doar seu tempo para se fazer passar por locatárias de vários dos imóveis. As duas tinham o mesmo nível de renda, o mesmo tipo de emprego e eram solteiras. A única diferença é que uma era branca e a outra negra. A Carol branca foi bem recebida pelo administrador, que lhe informou que havia várias unidades disponíveis para locação e que poderia escolher a que mais lhe conviesse. Já a Carol negra foi informada de que não havia mais unidades para locação e dispensada sem mais delongas. Utilizamos diversos recursos da lei, incluindo um artigo criado logo após a Guerra Civil que fora utilizado pelas maiores cortes do país em casos semelhantes ao nosso.

O processo foi apresentado ao juiz R. Dorsey Watkins, do Estado norte-americano de Maryland. Era um homem conhecido por suas idéias tradicionais e um tanto retrógradas; um construcionista não muito aberto a processos extensos, cheios de estatutos e decisões complexas. Ainda assim, tinha esperança de que ele seria justo com relação ao meu caso.

Mas no momento em que a sessão se iniciou minhas esperanças terminaram. Mal comecei minha apresentação, mencionando a Lei de Direitos Civis de 1866, fui interrompido pelo juiz Watkins. Ele exigia saber por que eu me referia ao caso como desagregação de imóvel (como os juízes costumam fazer). Mas sua pergunta foi tão áspera e direta que fiquei imaginando: será que ele está duvidando de minha argumentação? De minhas intenções? Será que entendi bem a pergunta? Não apenas eu mas também todos os advogados de direitos civis ali presentes tinham certeza de que a Corte Suprema havia estabelecido de maneira muito clara a jurisprudência do caso. O que o juiz queria dizer com aquilo?

Tentei controlar a ansiedade e comecei a explicar: "Meritíssimo, o caso de Jones *versus* Mayer foi considerado válido pela Corte Suprema". Não me lembro exatamente das palavras que ele usou mas me lembro do que senti quando me respondeu: "Senhor Shapiro, não importa o que o senhor pensa que a Corte estabeleceu, e sim o que a Corte declara neste momento. E o que estamos questionando é o fato de a Lei de Direitos Civis de 1866 aplicar-se ou não a casos como este".

Hoje entendo o questionamento do juiz quanto a determinados aspectos de minha interpretação do caso Jones *versus* Mayer (e não da aplicação da Corte Suprema) com relação à desagregação, mas naquele momento, por estar tão emocionalmente envolvido com a questão, achei que o juiz estava me atacando e, conseqüentemente, colocando a Corte contra meu caso!

Aquilo me fez muito mal. Comecei a duvidar de suas intenções. Fui passando da irritação à fúria à medida que suas palavras me colocavam cada vez mais longe daquilo que eu considerava um resultado justo. Se ele não aceitava as declarações de nove respeitáveis cidadãos grisalhos da Corte Suprema, que dirá as de um jovem advogado liberal e idealista como eu?

Impugnou os testemunhos das "duas Carols", questionando-as severamente. Por quê? Afinal, a única coisa que fizeram foi tentar alugar um apartamento. Que motivos tinha para agir daquela maneira? À medida que o tempo corria, as intenções do juiz foram se tornando mais claras. Afirmou que aquilo que as duas testemunhas diziam "não era exatamente a verdade". E que se aceitasse seus relatos, apoiando a atitude de falsa intenção de alugar os imóveis, estaria cruzando o limite entre a verdade e a mentira. Portanto, não os aceitou. E se eu já estava irritado, agora lutava para me segurar. Minhas emoções estavam tomando conta de mim. Protestei. Ele rejeitou meu protesto. Protestei novamente. Ele rejeitou mais uma vez. Argumentei que sua linha de raciocínio colocava em jogo as táticas de instituições respeitadas como o FBI e a CIA, que utilizam agentes disfarçados (que também "não dizem exatamente a verdade") para desbancar atividades criminosas. Mas ele não me deu ouvidos. Sabia que não eram o FBI e a CIA que estavam sendo avaliados ali e sim os procedimentos discriminatórios da Balmoral. O problema é que eu estava exaltado demais para raciocinar. O juiz deu por encerrada a questão.

Devido à minha relativa inexperiência diante da Corte, um dos sócios da empresa e grande advogado, Lawrence Rodowsky (que mais tarde se tornou juiz da Corte do Tribunal de Recursos de Maryland, o mais proeminente da região), apoiou-me na argumentação. A intervenção foi providencial, já que Lawrence era bem mais conservador no que concerne a política social do que eu. Mesmo com todos os comentários e críticas do juiz, afirmando que não concordava com nossa argumentação, ele ficou a meu lado e me convenceu a aceitar os resultados. Lawrence raramente perdia o controle. Já o advogado jovem, voluntarioso, idealista, liberal e inflexível que estava na dianteira do caso...

Quando o veredicto foi anunciado, fiz o máximo para esconder meu descontentamento, mas todos viam que eu estava de cara feia, olhando furiosamente para o juiz. Abracei meus clientes, demonstrando condolência, e saí da sala a passos largos.

Passei a noite pesquisando todas as leis na tentativa de encontrar argumentos e obter uma apelação. Li diversos livros de Direito, procurei brechas na lei, entrei em contato com diversos especialistas da área e reli diversas vezes o caso. Gostaria de poder dizer que, assim como acontece nos filmes, minha pesquisa acabaria transformando a derrota em vitória. Mas a história não teve um final feliz. Acabei dormindo sobre os livros na biblioteca e acordei com a marca da capa de um deles no rosto. É um exemplo típico do que acontece quando não neutralizamos ou controlamos nossas emoções ao enfrentar um adversário difícil.

Se tivesse me controlado no tribunal, poderia ter pedido ao juiz Watkins que me explicasse mais claramente por que não concordava com minha argumentação, de que maneira interpretava o caso Jones *versus* Mayer e também o depoimento de minhas testemunhas. Mas como me deixei levar pelas emoções, acabei perdendo a noção de perspectiva e transformei o juiz Watkins em meu adversário em vez de um agente de observação e julgamento.

Como o jovem advogado deveria ter agido?

De maneira bem diferente. Ele poderia:

- ter utilizado as técnicas N.I.C.E.;
- ter se preparado para os ataques que viria a sofrer;
- ter desenvolvido estratégias para contornar a situação (detalhes mais adiante);
- ter percebido logo no início que o caso era mais difícil do que havia imaginado;
- ter pedido um recesso para pensar com calma, discutido o caso com Lawrence Rodowsky e retornado com estratégias mais eficazes.

Não há problema em demonstrar entusiasmo, muito ao contrário. Isso mostra que acreditamos naquilo que fazemos. Até hoje

Ron abraça apaixonadamente os desafios que surgem em sua vida. A única diferença é que hoje ele controla e direciona suas emoções para se manter estimulado, mas sem permitir que elas o dominem. Claro, não se trata de uma tarefa simples. A questão não é sermos ou não passionais e sim a maneira como lidamos com as emoções.

O comportamento de Ron é um exemplo daquilo que não se deve fazer. No Capítulo 3, iremos mostrar como se pode evitar esse tipo de erro.

Capítulo 3
REÚNA TODOS NA MESMA SALA:
Conheça melhor as pessoas ou jamais aprenderá a lidar com elas

HÁ VÁRIOS TIPOS DE PESSOAS DIFÍCEIS. SÃO INFINITAS AS VARIEDADES, possibilidades e combinações de personalidade, profissão, aparência e estilo. Podem ser indivíduos aparentemente encantadores mas no fundo são desonestos, insaciáveis, espertos e maldosos ou podem parecer inocentes mas na verdade são falsos, egomaníacos, carentes de afeto e de aprovação, escandalosos ou introvertidos mas sempre prontos para atacar. Por sorte todos têm alguns aspectos básicos em comum e por isso os categorizamos em três tipos: pessoas que se tornam difíceis em situações de estresse, pessoas estrategicamente difíceis e pessoas simplesmente difíceis. É raro encontrar uma que não se enquadre nestas categorias. E entendê-las é o primeiro passo para lidar com elas.

- Pessoas difíceis em situações de estresse: ficam assim quando algo de errado acontece. Não são indivíduos necessariamente difíceis ou intratáveis. Na maioria do tempo são cordiais e tranqüilos, mas podem se alterar diante de determinados acontecimentos como uma discussão com o chefe, um acidente de trânsito ou a visita inesperada de parentes. Explodem rápido e se tornam bastante difíceis durante algum tempo.

- Pessoas estrategicamente difíceis: acham que "ser difícil" é bom. Acreditam ter evidências empíricas de que é uma estratégia muito eficaz para obter tudo aquilo que desejam. Têm certeza de que ser exigentes ao extremo é a melhor maneira de conseguir que as pessoas cooperem.

- Pessoas simplesmente difíceis: são difíceis somente pelo prazer de ser. É a característica marcante de sua personalidade e um comportamento tão arraigado em suas entranhas que elas são capazes de prejudicar até a si mesmas contanto que atinjam a quem não gostam. Não é muito comum encontrar esse tipo de pessoa por aí, mas ele existe.

DIAGNÓSTICO: O PRIMEIRO PASSO PARA O TRATAMENTO

Aprenda a distinguir entre os três tipos de personalidade: os indivíduos difíceis sob pressão, os estrategicamente difíceis e os simplesmente difíceis. Uma diagnose correta corresponde a 90% da cura e evita o sofrimento por antecipação. Portanto, é importante aprender a distinguir a gravidade do caso que se vai enfrentar.

As técnicas N.I.C.E. aplicam-se a todos os tipos difíceis. O que varia são os níveis de gravidade dos casos. Quem aprende a lidar com os mais difíceis consegue lidar tranqüilamente com os demais.

Os sintomas costumam ser muito claros. Os alunos de psiquiatria aprendem desde cedo: "Quando ouvir barulho de cascos não espere delicadezas".

Apresentamos a seguir uma história verídica que ilustra a importância de reconhecermos não apenas que estamos diante de uma pessoa difícil, mas também seu perfil. Sem esse tipo de avaliação prévia não há como saber o que esperar, como reagir ou como solucionar os problemas que surgem à medida que interagimos com esse tipo de pessoa. Como você irá ver na história seguinte, é até interessante observar o que foi feito, como, quando e onde. Claro, contanto que nada disso seja feito com você.

PRIMEIRO TRANQUE TODOS NA MESMA SALA E LIGUE O AQUECEDOR
O QUE OCORRE QUANDO NÃO SE IDENTIFICA O TIPO DE PESSOA DIFÍCIL

Fundada em 1993, a empresa Allegis Inc. instituiu, no mercado, a prática de contratar pessoal e consultoria temporários. Ela fornece anualmente mais de 65 mil funcionários a empresas de grande porte e referência no mundo todo, como as citadas na revista *Fortune 500*. Nem é preciso dizer que, apesar de terem sido os criadores da idéia, enfrentam hoje uma pesada concorrência e cada contrato fechado é uma grande batalha.

E foi nesse campo de batalha que Jim Novick, um executivo da Allegis, teve um confronto clássico. A Allegis estava tentando expandir sua área de atuação e assinar um contrato com uma grande empresa de prestação de serviços técnicos administrada por um reconhecido magnata do mundo dos negócios. Era a primeira experiência de Jim com uma companhia daquele porte e, por isso, ele não tinha idéias preconcebidas quanto aos métodos de trabalho do cliente. Não sabia se encontraria pessoas flexíveis, realistas e comprometidas com a qualidade de seus serviços ou com indivíduos obstinados, exigentes e difíceis. A única coisa que sabia é que se tratava de uma das maiores empresas do planeta e queria fechar negócio com eles porque isso o favoreceria junto a seus chefes.

Após um contato inicial, a Allegis foi chamada para uma reunião. Mas foi um convite de última hora, feito ao final do dia em uma quinta-feira. Jim teria de viajar na manhã do dia seguinte (e às suas próprias custas). O texto foi algo do tipo: "Queiram enviar um representante ao nosso escritório central para discutirmos como as duas empresas podem trabalhar em conjunto". Parecia que seria uma simples reunião e ele aceitou ir. Imaginou que faria uma apresentação, responderia a algumas perguntas e que depois os executivos da empresa comparariam a proposta da Allegis às de algumas concorrentes para chegar a uma conclusão sobre qual contratar.

O que ele não sabia é que seus concorrentes tinham sido convidados para a mesma reunião, no mesmo dia, no mesmo horário e na mesma sala. Todos seriam avaliados ao mesmo tempo. E também não sabia das "técnicas de negociação" utilizadas pela mega-empresa. Mas no momento em que entrou na sala pequena, apertada e quente, começou a entender. Encontrou 12 de seus concorrentes (vítimas como ele) comprimidos ao redor de uma mesa, sentados em cadeiras desconfortáveis e praticamente encostados uns nos outros. Se estar na mesma sala que um concorrente já é embaraçoso, imagine ficar grudado nele, tendo acesso a todo o seu material de divulgação e ao mesmo tempo expondo o seu. Depois do que pareceu uma eternidade, um funcionário da empresa finalmente apareceu e mexeu em um botão do aparelho de ar-condicionado. Mas logo perceberam que ele havia deixado a sala ainda mais quente.

Pediram a cada representante que fizesse uma apresentação incluindo todos os detalhes como datas de entrega, planos de ação e detalhes do serviço, tudo na presença dos concorrentes. Explicaram a Jim como desejavam fazer negócios com a Allegis e que, caso não aceitasse, estava dispensado. Cada um recebeu então uma folha de papel e um envelope para colocar seu orçamento e devolver ao final da reunião. E o tempo todo um dos funcionários passeava entre eles, observando tudo.

Jim se sentiu como um criminoso escrevendo sua confissão em uma sala de interrogatório e rodeado de policiais. "Tudo aconteceu mesmo como você diz? Tem certeza de que não feriu alguém? Será melhor se nos contar tudo." O clima era cada vez mais quente tanto na sala quanto entre eles.

Depois de algum tempo, quando todos achavam que o pesadelo estava no fim, cada representante foi levado a uma sala diferente para conversar com um funcionário (o guarda "bonzinho"). Esse funcionário dizia a cada um que havia poucas chances de sua proposta ser aceita porque o valor estava muito acima daquele de seus concorrentes. Mas caso baixasse "um pouco seu preço" poderia ficar entre os "três concorrentes finais". É claro que Jim fez todo o possível para oferecer um preço melhor. E, depois de muitas concessões, foi finalmente escolhido para ser um dos três finais.

Imaginou que seria a fase final do processo, mas estava enganado. Os "vencedores" foram novamente levados à primeira sala (que agora estava ainda mais quente) para fazer novas apresentações e responder a mais perguntas na presença uns dos outros. Os funcionários explicaram que o vice-presidente executivo acompanharia pessoalmente o processo de escolha do vencedor. Todos suavam em bicas quando ele entrou, pediu que fossem feitas mais algumas concessões e esperou a resposta dos três. Jim respondeu que teria de falar com seu chefe e, então, o vice-presidente o olhou, parecendo surpreso, levantou-se e saiu da sala sem se despedir.

Os representantes foram novamente separados e pediram a cada um deles que baixasse seus preços. "Vamos lá. Sua empresa tem grandes chances", diziam. Nesse momento Jim começou a pensar: "Será que este contrato vale mesmo a pena? Já nem sei se vou ganhar ou perder se ele for fechado".

Por sorte ou azar, a Allegis não ganhou a concorrência para aquele contrato. "Ainda bem", pensou Jim. Ainda estava chocado com os procedimentos da empresa. Não via como aquilo podia trazer benefícios ou um relacionamento saudável com qualquer empresa. Mas foi uma lição importante. Jim e os outros representantes não sabiam com que tipo de empresa ou indivíduos estavam lidando. Ficaram o tempo todo imaginando que se tratava de um mal-entendido, que iria terminar logo e que no final tudo iria ser esclarecido.

Depois de passar mais algum tempo na sala-forno da empresa, Jim perdeu a paciência e disse:

— Querem saber? Não vou admitir mais este tipo de tratamento. É desumano. Nossa conversa termina aqui!

Até hoje ele não sabe se foi a temperatura excessivamente alta dentro da sala ou a frustração que o levou a tomar aquela atitude, mas não podia mais suportar. Foi a experiência mais hostil que já enfrentou. Mesmo assim, acabou se arrependendo de ter perdido a calma. Se tivesse se controlado talvez pudesse, mais tarde, vir a fazer outros negócios com a empresa, talvez sob circunstâncias diferentes e mais preparado.

"SE EU SOUBESSE NAQUELA ÉPOCA O QUE SEI HOJE..."

Se Jim tivesse conseguido identificar o tipo difícil de empresa com que estava lidando e conhecesse as técnicas N.I.C.E. poderia ter evitado o confronto e seria o único vendedor com inteligência para opor seu próprio autocontrole aos procedimentos deles. O que ele não sabia é que saber de antemão com quem se está interagindo faz toda a diferença:

- Os representantes não sabiam se estavam lidando com indivíduos difíceis sob as circunstâncias de negociação em que se encontravam, talvez porque tivessem tido experiências negativas anteriormente ao contratar empresas terceirizadas

  ou

- se estavam diante de indivíduos estrategicamente difíceis, que acreditam ser aquele um método eficiente para fechar negócios lucrativos ou

- se estavam negociando com indivíduos simplesmente difíceis, que sentem prazer em torturar e desequilibrar aqueles com quem fazem negócios para sugar deles tudo o que podem.

Se Jim ou seus concorrentes tivessem identificado o tipo da empresa saberiam quais técnicas utilizar para neutralizar o ataque em vez de ser vítimas (mostraremos nos capítulos seguintes alguns exemplos de pessoas estrategicamente difíceis para deixar bem claro o conceito).

Identificar é o primeiro passo. Mas o que fazer depois? É preciso encontrar maneiras de reagir ou de contornar o ataque. É o próximo elemento do sistema N.I.C.E.

Capítulo 4

"NÃO TROCAMOS DINHEIRO"
Tudo o que pode nos tirar do sério

Uma vez determinado o tipo de pessoa com quem estamos lidando, é preciso estabelecer a melhor maneira de reagir ao ataque. Tendo em mãos as ferramentas e técnicas corretas, pode-se controlar com mais facilidade os resultados de uma reunião, projeto, acordo, encontro amoroso ou qualquer tipo de interação. Controlar o confronto é um processo pró-ativo que permite recuperar, manter ou determinar o resultado final. É um método muito eficiente contra todas as pessoas difíceis que encontramos mundo afora.

Para lidar com pessoas difíceis em situações de estresse você irá aprender técnicas para descobrir e neutralizar os agentes da agressão. No caso de pessoas estrategicamente difíceis, iremos lhes ensinar como trabalhar dentro dos limites da estratégia delas utilizando suas próprias regras para encontrar a melhor saída ou desenvolver um contra-ataque eficiente. E para lidar com pessoas simplesmente difíceis você irá aprender como identificar as melhores possibilidades de solução, a fonte de segurança e de força dessas pessoas e também em quais casos a melhor solução é desistir.

Se você não controla o confronto, ele (ou o outro lado) irá controlá-lo. E como as circunstâncias, normalmente estabelecidas pelo outro lado, estão contra você, a possibilidade de sucesso é praticamente nula. Ou seja, se a situação já é complicada, pode se agravar ainda mais.

E não importa se as partes envolvidas são países, famílias, empresas ou cônjuges. Basta uma delas não utilizar as técnicas apropriadas e a situação pode se complicar. Qualquer faísca e todos se exaltam. Eis um exemplo inesquecível do filme *Um dia de fúria*.

"NÃO TROCAMOS DINHEIRO"
(O QUE OCORRE QUANDO NÃO SE BUSCAM SOLUÇÕES OU OPÇÕES)

Quem viu o filme *Um dia de fúria* com certeza se lembra do personagem de Michael Douglas chamado William Foster, que perde o emprego e também a civilidade. Os contratempos da vida vão se tornando insuportáveis para ele.

E as coisas ficam mais complicadas. William pára em uma loja de conveniência para dar um telefonema, uma tarefa bastante simples (ou pelo menos ele imaginou). Tem algumas moedas no bolso, mas nenhuma que sirva no aparelho. Entra então na loja e pede ao proprietário, um coreano chamado Lee, que troque 50 centavos para poder fazer a ligação. Lee responde em tom inflexível:

– Não trocamos dinheiro. Só se fizer uma compra.

A paciência de William está chegando ao fim. Pega uma lata de refrigerante da geladeira e a esfrega na testa suada. Lee informa:

– Oitenta "cico" centavos.

Mas o troco ainda não seria suficiente para fazer a ligação. William tenta argumentar. Já que a gaveta do caixa está aberta, não custa trocar o dinheiro para ele. Mas Lee só responde:

– Oitenta "cico" centavos. Compre ou vá embora.

William está prestes a explodir. Responde, agressivo:

– Você nem sabe falar direito. É "cinco" que se diz, não "cico". Será que não existe letra "n" no alfabeto chinês?

Lee balança a cabeça:

— Não chinês. Coreano.

Então aquilo que começou como um simples pedido de troco se transforma em uma batalha étnica. William ataca:

— Você vem para o meu país, pega o meu dinheiro e nem se dá ao trabalho de aprender minha língua?

Mas Lee se mostra tão inflexível quanto ele e demonstra firmeza:

— Vá embora. Você problema.

Sem se abalar, William responde:

— Não. Vou ficar. O que você vai fazer?

Começa então a guerra. Lee tira um bastão debaixo do balcão. William salta sobre ele, o imobiliza, pega o bastão e destrói um estande de produtos. Lee se agacha e se encolhe, gritando:

— Pegue o dinheiro! Pode levar!

William, sentindo-se no comando da situação, grita:

— Você acha que sou ladrão? Não, não sou eu quem cobra 85 centavos por uma latinha de refrigerante. Vamos baixar um pouco os preços aqui. — Começa então a apontar alguns itens dentro da loja com o bastão. — *Donuts*, embalagem com seis. Quanto?

Lee responde:

— Um e vinte.

William joga os pacotes no chão, gritando:

— Muito caro! — Aponta então para as aspirinas.

— Três quarenta — responde Lee.

William destrói o *display* e pergunta quanto custam as pilhas AA. Lee começa a responder, mas decide baixar o preço enquanto fala:

— Cin... quatro vinte nove.

William ainda acha muito caro e arrebenta a prateleira. Pega então a latinha de refrigerante e pergunta, impaciente:

— Uma lata, 85 centavos?

Lee sabe exatamente o que responder desta vez:

– 50 centavos.
William responde:
– Vendido. – Abre então a caixa registradora, coloca uma nota de um dólar na gaveta e pega 50 centavos como troco.
Caminha até a porta, se vira e diz cordialmente:
– Foi um prazer vir ao seu estabelecimento.

Como seria a cena se Lee tivesse tentado controlar o confronto?

Ele poderia:

- ser mais empático ao invés de se opor a William, que estava visivelmente agitado. Uma simples pergunta como "está tudo bem?" amenizaria a ansiedade do cliente, evitando o conflito. Se tivesse observado que se tratava de uma pessoa difícil sob estresse, bastaria dar a ele a oportunidade de se acalmar.
- perguntar se o telefonema era para uma emergência. Isso também daria a ele alguns instantes para pensar e se recompor.
- indicar um produto que custasse 50 centavos ou menos, como uma bala ou goma de mascar. Assim evitaria o confronto com William sem precisar abrir mão de sua política de "não trocar dinheiro".
- deixar William usar o telefone da loja. Desta maneira estaria controlando o confronto, mantendo sua política ("troco somente mediante compras") e evitando a explosão de raiva do cliente.

Considerando-se o enredo do filme, é difícil imaginar o agitado William tentando controlar o confronto, mas e se ele tivesse perguntado a Lee qual o motivo de uma política tão rígida em seu estabelecimento? Será que jamais havia passado por uma situação assim antes? Poderia tentar conversar com Lee para estabelecer um acordo em vez de enfrentá-lo. E caso não conseguisse convencê-lo poderia ter pedido a outro cliente da loja que trocasse o dinheiro.

Há várias maneiras de se controlar um confronto e qualquer uma delas poderia ter sido usada para chegar a um resultado que satisfizesse a ambos. Mas, em vez disso, os dois insistiram e se desentenderam.

A lição:
CONTROLE O CONFRONTO OU ELE IRÁ CONTROLÁ-LO

Infelizmente, não há como evitar alguns tipos de confronto, pelo menos não no início. Porém, mesmo essas situações podem ser controladas aos poucos, bastando que se utilizem algumas técnicas, e é aí que entra em cena outro elemento N.I.C.E.

Capítulo 5

DESONESTA
Ultimatos sem opções levam a impasses sem solução

Mesmo identificado o tipo de pessoa com quem estamos lidando, se evitarmos o confronto, contornando a situação, ainda podemos acabar diante de um impasse. É quando entra em cena a técnica "explorar as possibilidades".

Na maioria das negociações, fica claro desde o início quais são as dificuldades e os obstáculos. Você sabe exatamente o que quer e a(s) pessoa(s) do outro lado também, mas ninguém quer admitir ou "dar o braço a torcer". Não se trata apenas de discussão sobre determinado assunto; é o ego de cada um que está em jogo. E a situação só tende a piorar a menos que se encontrem idéias e alternativas para mudar as regras do jogo e, conseqüentemente, as expectativas. Mudar as definições de lucro/perdas, prazos, definições de sucesso (incluindo um terceiro no negócio, por exemplo) ou modificar objetivos em longo prazo, cláusulas etc. pode estabelecer um *menu* de opções e ajudar a resolver o problema ou amenizar conflitos durante o processo.

No entanto, infelizmente, nem toda negociação tem final feliz. Nesses casos o melhor a fazer é pôr fim à discussão sem agravá-la. Mas para isso é preciso saber qual o momento certo de desistir e se afastar. Nem todo contrato é fechado, nem todas as parcerias dão certo, nem todos os vizinhos se responsabilizam pelas árvores em sua calçada e nem todas as separações são simples.

Apesar de todos os esforços nem sempre se chega a um consenso ou se encontra uma solução. Não em um primeiro momento. Mas não é só porque não se chegou a um acordo que é preciso demitir pessoal, bombardear o país vizinho, mudar de bairro ou que não se possa ter um divórcio amigável. Às vezes a melhor solução é admitir que não existe acordo. Se afastar por algum tempo e deixar "a poeira baixar" normalmente abre espaço para negociações futuras e até resultados positivos.

Quando as coisas se complicam, nossa tendência é estabelecer um confronto. Chegamos a um ponto tal que dizemos "basta". Então, em vez de procurar opções ou alternativas, partimos para o ataque. E nem sempre sabemos a hora de parar. Com isso perdemos oportunidades de reverter a situação. Entretanto sempre podemos aprender com nossos erros ou, pelo menos, saber o que não fazer na próxima vez. Veja o exemplo de Ron na história (real) seguinte.

VOCÊ NÃO PODE NOS DIZER O QUE FAZER. VAMOS DEMITI-LO
O QUE ACONTECE QUANDO NÃO SE EXPLORAM TODAS AS OPÇÕES OU NÃO SE PÕE UM FIM À DISCUSSÃO NA HORA CERTA

Desde sua fundação, o Shapiro Negotiations Institute vem batendo recordes (pelo que sabíamos) e estabelecendo excelentes relacionamentos (ou pelo menos era o que pensávamos) de mais de dez bilhões de dólares na área de terceirização e serviços, sendo citado como empresa de referência na *Fortune 500* (alteramos todos os nomes, menos os nossos, para proteger eventuais inocentes. Só não fomos capazes de proteger a nós mesmos). Uma grande corporação, que iremos chamar Global MegaCorp., era considerada líder de mercado na área de *catering* e prestação de serviços como manutenção, uniformes e administração para algumas das maiores instituições do planeta. Meu parceiro Mark e eu organizamos diversos seminários para esta empresa sobre negociações, apresentando técnicas para identificar problemas ou pontos fracos nas empresas, reduzir a resistência de clientes, a competição, problemas com preços e com contratos. Ficamos contentes ao ouvir dos funcionários que, como conseqüência de nossas palestras, as vendas aumentaram visivelmente e os cancelamentos de contratos diminuíram. Clientes antigos continuaram fiéis e novos clientes foram conquistados. Segundo informações, as técnicas que ensinamos ajudaram até mesmo a criar oportunidades de negócios com empresas importantes em Maryland. O presidente se tornou nosso amigo e nos deu muito apoio no lançamento de nosso primeiro livro, *The power of nice* [O poder da gentileza]. Os resultados de nosso trabalho eram evidentes e estávamos em uma fase promissora de nossas carreiras. Achávamos que, dali por diante, tudo seria mais fácil (ledo engano).

Devido ao nosso sucesso Sam Z., diretor da divisão de uniformes, solicitou um treinamento para seu departamento e informou que Elvira F., gerente de recursos humanos, seria nosso contato. Ficamos surpresos quando ela disse que, antes de nos contratar, teríamos de "provar nossa eficiência" (Mais tarde percebemos que, apesar de trabalhar com recursos humanos, ela nada tinha de humano). Imaginávamos que nosso histórico de relacionamento com a empresa seria mais que suficiente como referência. E que uma simples reunião e apresentação de nosso programa bastaria para que ela nos contratasse. Estávamos redondamente enganados.

Após nossa breve apresentação, Elvira disse que poderíamos trabalhar com a empresa, mas que antes teríamos uma "tarefa" a cumprir: entregar, por escrito, duas simulações de contato com clientes utilizando nossas técnicas, um exercício que poderia levar mais de 20 horas de trabalho. Não é algo que costumamos fazer, mas como ela afirmou que seríamos contratados (e devido ao relacionamento que tínhamos com outros departamentos da empresa) aceitamos.

Após bem mais que as 20 horas que imaginamos inicialmente, trabalhando com Mel McM., um gerente da empresa, e após escrever e reescrever os casos diversas vezes, entregamos o trabalho. Estávamos confiantes de que tínhamos fechado negócio.

Mas tivemos de esperar. E esperar, e esperar. Até que nos cansamos e telefonamos para Mel, pedindo que verificasse o que havia acontecido. No dia seguinte, ele nos telefonou dizendo que Elvira Z. tinha contratado outra empresa. E não só isso: o contrato com eles já tinha sido fechado quando ela nos pediu para escrever os casos. A boa e doce Elvira entregara o trabalho a nossos competidores para que eles usassem as técnicas durante o curso!

Aquilo foi demais para nós. Como alguém pode fazer uma coisa dessas? Ela sabia que já trabalhávamos com o grupo, que conhecíamos pessoalmente o presidente e que nossos treinamentos haviam surtido efeito. Mas não sabia que havíamos até recusado propostas de empresas concorrentes da sua por lealdade. Não estávamos dispostos a aceitar a situação. Já que ela havia sido desleal o suficiente para fingir que nos contrataria, decidimos responder à altura. Queríamos que ela perdesse o emprego.

Levamos o caso ao presidente e explicamos tudo o que aconteceu. Mencionamos também que alguém de personalidade dúbia como ela não poderia representar uma empresa daquele porte (nossa maneira de dizer que ela deveria ser sumariamente demitida). Forçamos a situação. Ele teria de escolher entre Elvira, a gerente de recursos humanos não tão humanos, ou nós. Certo *versus* errado, sem meio-termo. O presidente nos escutou inicialmente com ar sério, mas ao final estava visivelmente irritado. Não conseguia acreditar no que sua funcionária havia feito.

Disse que iria pensar no caso e nos contataria depois. Deixamos o escritório sentindo que havíamos tomado uma atitude drástica porém necessária. Afinal, tínhamos sido usados e enganados.

Algum tempo depois ele me telefonou. Depois de ponderar sobre o caso chegara à conclusão de que Elvira tinha agido mal. O poder de decisão sobre a contratação de serviços lhe subira à cabeça. Sua atitude era imperdoável. Concordei entusiasticamente. Ele disse então que havia falado com Sam Z., o gerente que solicitou nossos serviços, chefe de Elvira. Ao que parece, Sam ficou horrorizado e decidiu "ter uma conversa séria com a funcionária" (realmente, algum tempo depois ele enviou flores e um pedido de desculpas por escrito ao nosso escritório).

O presidente reconheceu que o gerente não foi firme o suficiente, mas afirmou que seria incorreto de sua parte falar diretamente com Elvira e desmerecer a autoridade dele. Não se tira o poder que se concede a um funcionário. E, embora não aprovasse a atitude de Sam, a respeitaria.

Mark e eu quase fizemos com que Elvira fosse demitida. Mas além de não conseguir, colocamos em jogo um relacionamento, difícil de ser estabelecido, com uma empresa. Refletindo melhor, percebemos que poderíamos ter explorado outras opções: a) dividir o trabalho com o concorrente que Elvira havia contratado; b) negociar algum tipo de recompensa pelo trabalho que fizemos; c) propor outro tipo de curso ou seminário para o departamento etc. Mas não pensamos nisso. Simplesmente contra-atacamos... e sofremos as conseqüências.

Pós-escrito – Um ano e meio depois Elvira decidiu "buscar novos horizontes" e deixou a empresa. Isso representaria uma grande oportunidade para nós se não tivéssemos gerado um conflito.

Em resumo: sempre há um "poderia" ou "deveria" em todas as situações que enfrentamos. São idéias e ações que ajudam a manter nossa integridade e nossos valores e que muitas vezes representam soluções criativas a curto ou mesmo a longo prazo.

Nesse caso nós dois deveríamos:

- tentar neutralizar nossas emoções para perceber mais claramente que perder um contrato com um dos departamentos da empresa não significava perder o cliente.
- tentar primeiro identificar o tipo de pessoa com quem estávamos lidando e só então agir controlando o conflito em vez de deixar que a situação se complicasse.
- ter pensado em opções e alternativas que satisfizessem a ambas as partes em vez de escolher entre "ela ou nós".
- ter procurado outras pessoas dentro da empresa que pudessem nos aconselhar sobre como lidar com a situação e só então definir as possibilidades de ação.
- ter conversado até mesmo com o presidente para pedir sua opinião, porém mantendo a integridade e não recorrendo a ultimatos.

E, se nenhuma das opções acima funcionasse, poderíamos ter simplesmente "engolido" a derrota temporária para manter um relacionamento positivo (e duradouro) com a empresa.

Mas não o fizemos. E aprendemos com a experiência.

A LIÇÃO:
ULTIMATOS SEM OPÇÕES LEVAM A IMPASSES SEM SOLUÇÃO

PARTE DOIS

N – NEUTRALIZE SUAS EMOÇÕES: APRENDA A AGIR EM VEZ DE REAGIR

Capítulo 6

O DIRETOR FINANCEIRO
Entre fugir ou ficar, a melhor estratégia ainda é aprender a identificar o melhor foco de ação

NEUTRALIZE SUAS EMOÇÕES E APRENDA A AGIR EM VEZ DE REAGIR

Todos sabemos que, se estamos no controle de nossas emoções ao nos confrontarmos com pessoas difíceis, conseguimos melhores resultados. Controle, nesses casos, equivale a sucesso. E faz todo sentido. Serenidade e capacidade de análise são bem mais eficazes que agir por impulso ou de maneira instável. Mas nem sempre é fácil manter o controle.

Afinal, enfrentamos todos os dias situações difíceis que envolvem pressão, intimidação, ansiedade e mesmo raiva causada por pessoas muitas vezes desagradáveis e agressivas. Maldade gera estresse e o estresse pode nos levar a um comportamento fora de controle. Acontece tão rápido e com tanta freqüência que às vezes nem percebemos ou nem temos tempo de nos recuperarmos para agirmos de modo mais sereno.

Controle muitas vezes equivale a sucesso, mas estresse normalmente é a causa de grandes fracassos.

> "Aquele que te irrita te domina."
>
> Comentário de Irmã Elizabeth Kenny
> contra o ceticismo diante de sua vitória
> contra a paralisia infantil.

Pense no estresse que você enfrenta quase todos os dias e em como ele o afeta. Alguns incidentes podem ser encarados com um pouco de autodisciplina, outros irritam profundamente e há aqueles que conseguem tirar qualquer um do sério. Imagine as situações seguintes. Como você reagiria diante delas?

- Um funcionário de *telemarketing* telefona durante o seu jantar para lhe oferecer a assinatura de uma revista que você já assina.
- Alguém no cinema falando alto atrás de você justamente no momento mais importante do filme.
- Um colega de trabalho recebe os créditos por um cliente que você conquistou e ainda tem aumento como gratificação.
- Seu vizinho resolve podar o jardim junto à cerca e corta sua roseira predileta.
- Sua filha perde o telefone sem fio dentro de casa (pela segunda vez).
- Você vem economizando, há um bom tempo, para comprar aquele terreno com vista panorâmica mas, na hora de fechar negócio, o vendedor aumenta exorbitantemente o preço.
- Você marca horário para encontrar seu marido/esposa em um restaurante mas ele/ela só aparece duas horas depois.
- Alguém adquire um cartão de crédito em seu nome, faz compras de valor altíssimo e a empresa do cartão se mostra inacessível e burocrática quando você descobre e tenta entrar em contato.
- Um motorista imprudente quase o joga para fora da rodovia.

A maioria de nós consegue lidar bem com vendedores e pessoas que falam alto. Mas perdemos facilmente a paciência quando se trata de cônjuges ou casos de burocracia excessiva. E mesmo as pessoas mais pacíficas podem se descontrolar diante de um colega de trabalho desonesto ou de um motorista imprudente. Ou seja, nosso comportamento nem sempre é tranqüilo e exemplar. Somos apenas seres humanos.

Portanto, o problema não está em nossas reações e sim na maneira como as administramos para não sermos controlados por aquilo que nos causa estresse.

FUGIR OU LUTAR?

Pense no que acontece quando você encontra um enorme cão raivoso durante um passeio. Ah, nunca teve uma experiência dessas? Então vá agora até um local onde possa encontrar um e o provoque. O que vai acontecer? Ele virá correndo em sua direção, babando e mostrando os dentes. Você irá suar em bicas, seu coração irá disparar e seu corpo irá liberar uma grande quantidade de adrenalina. E, em meio ao desespero, terá de decidir se é melhor correr ou subir em um lugar alto para fugir dele.

Tudo bem. Sabemos que há pouca chance de isso acontecer de verdade. Mas e se for um "chefe raivoso?" Não é preciso grande esforço para imaginar algo assim. A maioria de nós só precisa buscar as cenas na memória. Chefes desse tipo disparam perguntas como metralhadoras, esmurram mesas e encurralam funcionários no canto da sala (alguns chegam mesmo a mostrar os dentes). E a reação é a mesma: você começa a suar, seu coração dispara e litros de adrenalina circulam em seu corpo. Qual a melhor saída: ficar e enfrentar a fera ou sair correndo pelo corredor e se esconder em sua sala?

Bem, tanto na situação do cão quanto na do chefe raivoso, temos a opção de fugir ou ficar/lutar. Enfrentamos cães raivosos todos os dias. Alguns são grandes e peludos, outros barrigudos e de terno. Mas todos nos intimidam da mesma maneira. O que fazer com eles? Como evitar agir por impulso nessas situações?

POR QUE NÃO LUTAR?

Em situações de grande estresse, a maioria de nós tem dois tipos de reação: se defender (lutar) ou fugir. Acionamos o mecanismo de batalha e atacamos a pessoa do outro lado da mesa/sala/telefone, despertando nela os mesmos instintos agressivos ou evitamos mais problemas e saímos correndo (literalmente ou não) daquela situação indesejada.

A reação de luta quase nunca gera bons resultados, pois acabamos deixando as emoções nos dominar e expressamos tudo o que estamos sentindo.

"Deixe-me em paz."
"Cale a boca."
"Suma daqui."
"Você não se importa mesmo comigo."
"Isso não é justo!"
"Por que você me trata assim?"
"Se não gosta disso, problema seu."
"É mesmo? E daí?"
"Eu te odeio."

São frases que dizemos sem pensar, sem argumentos úteis ou plausíveis e que geram situações ainda mais desgastantes. Alguém o magoa e você lhe diz algo que o agride. Ele revida e os dois se exaltam. A discussão se estende até um ponto em que um não quer mais saber do outro.

Esse tipo de reação é tão visceral e automático que mesmo as pessoas mais educadas chegam a tê-lo. É difícil controlar nossos instintos, mas também é importante ter em mente que eles dificilmente geram resultados positivos.

POR QUE NÃO FUGIR?

Fugir não é muito melhor que atacar. Não resolve o problema, apenas adia. Enfiar a cabeça na areia como um avestruz pode aliviar a tensão durante algum tempo, mas não surte efeito real. Só dá à outra pessoa ainda mais poderes ou cria um vazio negativo. Se você não explica o que o incomoda ou defende seus pontos de vista, as pessoas irão ter uma impressão negativa a seu respeito. Acharão que você é um fraco ou que não sabe enfrentar situações mais sérias.

Um fato surpreendente é que muitas pessoas, empresa e entidades respeitadas no mercado adotam a postura de "fuga" dos problemas como regra, imaginando que assim estão evitando confrontos e transmitindo uma mensagem dramática a todos os que os atacam.

LUTAR, FUGIR...
OU ENCONTRAR UMA SAÍDA MELHOR

Que opção temos além de lutar ou fugir? Neutralizar, ou seja, modificar conscientemente nossas respostas emocionais e não apenas deixar que os reflexos automáticos controlem nosso comportamento. Neutralize suas emoções e, em vez de reações, terá ações; em vez de ofensas terá elogios e em vez de retaliação terá iniciativa, idéias e influência.

MANTER O FOCO
(UMA ESTRATÉGIA MAIS EFICAZ)

Mas como neutralizar as emoções? Concentrando-se em um único ponto ou aspecto da situação. Tente ampliar conscientemente sua visão do que está realmente acontecendo. Defina, identifique e concentre-se no aspecto "realidade" e não deixe que suas emoções ou qualquer outra coisa o distraiam. Estando consciente do ponto principal da situação você não será pego de surpresa nem terá de lutar sem necessidade. Não será preciso se esconder. Basta manter o foco e uma postura firme. Assim poderá conseguir os melhores resultados. O caso de Ron, que acionou uma empresa de seguros fraudulenta, ilustra bem a tentação de lutar ou fugir e a melhor opção: de manter o foco na situação.

O CORRETOR DE MERCADORIAS DO ESTADO
(EU) *VERSUS* OS EMPRESÁRIOS FRAUDULENTOS
(E SEU ESQUADRÃO DE ADVOGADOS)

Antes das empresas Michael Milkens, Ivan Boeskys, Imclones ou Enrons, houve um precursor para quem trabalhei, chamado First Federated Commodities.

Eu era um corretor de mercadorias no Estado de Maryland. Naquela época ser corretor era algo inofensivo a não ser que a pessoa fosse ativista ou filiada a algum partido. O corretor de mercadorias tem a função de investigar e controlar os investimentos e as atividades comerciais dentro da jurisdição e das leis de Segurança Federal. Em Maryland, o departamento em que eu trabalhava era composto de um corretor de mercadorias (eu, no caso), um corretor assistente (para cuidar da parte burocrática e administrativa) e um advogado geral assistente, responsável por verificar os investimentos mais urgentes.

De tempos em tempos, detectávamos casos de fraude ou investimentos ilícitos e tínhamos de investigar tudo detalhadamente. Era um verdadeiro desafio, pois eu era o único responsável por investigar todo o Estado. Fazia o papel de policial, advogado, negociador, coordenador e até de secretário para organizar toda a documentação. Em suma, era um funcionário multitarefa.

Pouco tempo depois que assumi o cargo, recebi o telefonema de um indivíduo que havia investido centenas de dólares em algo que lhe garantiram ser uma "opção segura de *commodities*". Achei melhor nem comentar com ele que isso não existe no mundo dos investimentos. O pobre homem havia sido enganado. Prometeram a ele grandes rendimentos, mas não houve retorno algum. Além disso, ele suspeitava que outras pessoas também haviam sido enganadas.

A empresa que lhe "vendeu" o produto parecia bem estruturada e usava táticas de venda convincentes. Era um grupo organizado que aplicava golpes no mercado. Os policiais diziam "farejar" empresas assim há muito tempo.

Comecei então a trabalhar no caso. Depois de diversos telefonemas e contatos, descobri que se tratava de uma rede que envolvia investidores com pouco conhecimento de mercado, pressionando e tirando das pessoas tudo o que possuíam. Quando consegui evidência suficiente dos crimes, entrei em contato com a diretoria do grupo e informei que estava tomando providências contra a empresa. Expliquei que havia suspeitas contra eles tanto nas áreas civil quanto criminal.

Tentando ser justo, propus a eles uma reunião prévia para que pudessem ter uma chance de se explicar antes de ingressar com a ação. E como eram larápios, concordaram imediatamente. Deliciaram-se com a idéia de poder me "vender" a idéia de que eram inocentes. Vieram acompanhados de um grupo de advogados que, para minha surpresa, representavam também uma empresa de grande porte e muito respeitada de Baltimore.

Sentamo-nos todos à mesa de meu modesto escritório: de um lado dois diretores, três advogados e vários assistentes. Do outro lado apenas eu. Foi a primeira de uma série de reuniões, inicialmente amigáveis. Os diretores até tentaram me persuadir do valor de seu negócio e de seus *commodities*. Eu não me convenci.

Após algum tempo, as reuniões começaram a parecer um jogo de xadrez. Eles tentavam me intimidar com seu tamanho, prestígio e influência, especialmente quando mencionei as provas que havia levantado em minhas investigações e afirmei que as levaria a juízo. Disse também que iria dar entrada ao processo mas que antes lhes oferecia a chance de assinar um "compromisso de cessação", mediante o qual não poderiam vender mais *commodities*, além da oportunidade de evitar as acusações interrompendo suas atividades. No entanto, deixei em aberto a questão das restituições financeiras.

Eles me olharam como se eu fosse um inseto, algo insignificante que irrita, porém não representa ameaça. De maneira presunçosa, típica dos *bullies* quando afrontados, responderam que eu não tinha provas do que dizia, que podiam refutar qualquer afirmação com evidências de sua inocência e que iriam me processar se eu seguisse adiante com o caso. Não disseram do que iriam me acusar, mas imagino que seria por difamação. Mais tarde percebi que fazer ameaças, tanto veladas quanto explícitas, era uma das principais características do grupo. Ao dar seu testemunho, um dos investidores afirmou que chegou a fazer uma ameaça de denunciar a empresa e suas práticas, mas um dos diretores lhe perguntou se ele se lembrava do filme *O poderoso chefão*, o que ele entendeu como uma ameaça bem clara.

Hoje percebo que poderia ter uma das duas reações clássicas naquele momento: enfrentá-los e responder "ah, é? Pois vocês não me assustam. Não caio em sua conversa" (mesmo que duvidassem de minha agressividade). Esta seria uma reação de luta. Ou então poderia ter me sentido intimidado como um país pequeno ameaçado por uma potência mundial. Ameaças podem fazer com que as pessoas se entreguem sem mesmo reagir. Quase conseguem visualizar as tropas marchando, tanques avançando e mísseis prontos para serem disparados. Assustados, acenam a bandeira branca. Em suas mentes um diálogo se inicia: "Como irei lidar com esta situação? O que fazer agora? Eles vão acabar comigo. É melhor fazer o que eles querem e acabar logo com isso". Esta é a reação de fuga.

Mas decidi parar e pensar com calma. Tentei acalmar as emoções e raciocinar de maneira objetiva e honesta. Ou seja, estabeleci um foco. Podia não ter todos os advogados que eles tinham, mas conhecia bem as leis e sabia o que acontecia com pessoas que cometiam esse tipo de crime. Por exemplo: em uma das reuniões, o grupo havia afirmado que *commodities* não eram títulos comuns e, portanto, não estavam sujeitos às mesmas leis. Pesquisei bastante sobre a área, incluindo artigos como "O que são títulos financeiros?", publicado no *ABA Journal*, uma publicação reconhecida em meu país. Após uma longa e fria análise da situação, dos precedentes e dos fatos cheguei à conclusão de que eles tinham uma visão um tanto distorcida da lei e que meu escritório (eu) poderia tomar atitudes cabíveis para seguir adiante e resolver o caso. Estabelecer um foco me permitiu enxergar a realidade e tomar uma decisão racional.

Passei então a adotar uma atitude "neutra" em relação aos procedimentos. Mas só consegui isso neutralizando e mantendo sob controle minhas emoções e reações impulsivas. O primeiro passo foi ignorar o ar arrogante com que eles me olhavam, que no início me dava vontade de pular sobre a mesa e esganá-los. Foi um verdadeiro teste de autocontrole. Se tivesse cedido à tentação de lutar, ou seja, de usar meus poderes de corretor do Estado, poderia ter simplesmente emitido um mandato contra a empresa sem sequer acionar o sistema judicial: "Vocês estão intimados a interromper a venda de informações e documentos falsos". Também poderia ter acionado a imprensa e feito um grande escândalo. Porém, julguei que esse tipo de ação teria pouco fundamento legal. Poderia me satisfazer em um primeiro momento, mas não a longo prazo. Além disso, precisava neutralizar meu próprio medo, que me fazia pensar o tempo todo: "Como administrar um processo tão complicado e lutar contra um oponente tão poderoso?". Sabia que este seria provavelmente um dos maiores casos de fraude já ocorridos no Estado de Maryland. Eu poderia ter optado por um caminho mais simples propondo um acordo com o outro lado, algo que à primeira vista poderia parecer um ato de corrupção, mas que acabaria fazendo com que a empresa deixasse de enganar os consumidores.

No entanto, o que fiz foi concentrar minha atenção nos recursos à minha disposição, e não nos de meu oponente. Assim, estudei todas as possibilidades dentro da lei de maneira lógica e fria para verificar sob quais aspectos ela melhor se aplicava ao caso. Entrei em contato com advogados da comunidade, com amigos e até com o procurador geral da Justiça que naquele momento não tinha como me oferecer pessoal de apoio, porém me orientou e auxiliou muito. Além disso, eu dispunha de algo que me fazia seguir em frente sem desanimar: uma vontade imensa de fazer com que a justiça prevalecesse (jamais se deve menosprezar os grandes ideais: uma pessoa determinada a fazer o bem é sempre mais eficiente e motivada que aquelas que só trabalham pelo dinheiro). E minha determinação rendeu frutos positivos diante dos juízes e da corte.

Devo lembrar que, naquele momento de minha carreira, eu não era um litigante oficial, mas tive meus momentos de glória no tribunal. O caso foi julgado pelo juiz procurador em uma sala ricamente ornamentada no tribunal de Towson, Maryland. Éramos um advogado e um assistente contra uma bateria de advogados, assistentes jurídicos e seus clientes elegantemente trajados. Mas isso não me afetou, muito ao contrário. Consegui virar o jogo e persuadir o juiz a emitir uma Ordem de Restrição Temporária, suspendendo as operações da empresa até que houvesse uma audiência mais apurada. Isso os fez parar, pelo menos durante algum tempo. Percebi que a estratégia de focar minha atenção em um ponto estratégico havia surtido efeito.

Assim, motivado pela primeira vitória, dediquei-me com mais afinco à continuação do caso. Cada detalhe do esquema de atuação da empresa foi levantado, desde as táticas de venda sob pressão até as promessas de lucro exacerbado aos investidores e as ameaças do estilo *O poderoso chefão*.

Cada detalhe do caso foi uma grande lição para mim em termos de como reagir diante de situações difíceis (o velho dilema: lutar ou fugir). Ao final, o juiz estabeleceu que os *commodities* eram realmente irregulares perante a lei e deu ganho de causa a mim como corretor de mercadorias do Estado e não aos acusados. Manter o foco me ajudou a encontrar opções, além de fugir ou lutar, e a vencer os "espertalhões". Ou seja, garantiu-me uma bela vitória.

Este, porém, ainda não é o final da história. Os acusados foram processados criminalmente, não por mim mas pelos Correios. Os inspetores das agências descobriram que a empresa se utilizava dos Correios para suas fraudes. Jamais me esquecerei do dia em que fui à Corte Federal testemunhar. Em vez de uma comitiva de advogados e executivos bem vestidos, entraram apenas dois homens algemados e com roupas do presídio, desta vez com ar nada arrogante. Parece que suas carreiras chegaram ao fim.

O FOCO DE UM ATLETA

Outra maneira de estabelecer um foco e encontrar opções, em vez de simplesmente lutar ou fugir, é observar o exemplo dos grandes atletas. Ao enfrentar um oponente, você pode se sentir como se estivesse sendo perseguido pelo atacante em um jogo de futebol ou de frente para o goleiro. Você pode tentar correr, chutar a bola para outro lado e fugir. Também pode rolar no chão e fingir ter sofrido uma falta para interromper o jogo. Ou pode simplesmente concentrar toda a sua atenção, avaliar rapidamente quais os melhores pontos do campo, driblar para ganhar espaço e chutar no melhor ângulo para fazer o gol. Como jogador não pode simplesmente se sentir intimidado e deixar que levem a bola. Os grandes atletas aprendem a estabelecer um foco e seguir em frente.

NÃO CONTRA-ATAQUE, DESARME

Phil Jackson, que foi treinador do Chicago Bulls (time de basquete norte-americano), deu uma entrevista a *INC Magazine* contando como ensinava seus jogadores a se defender dos que os atacavam física ou emocionalmente substituindo o impulso de contra-atacar por uma atenção redobrada no jogo. No final dos anos 80 os Bulls jogaram contra os Detroit Pistons e eles venceram porque conseguiram incitar os Bulls a contra-atacar. O time do Chicago Bulls só conseguiu se recuperar e vencer nas partidas seguintes porque aprendeu a controlar e utilizar corretamente seus "impulsos de ataque".

Segundo Jackson: "Todos no time foram golpeados. Eram socos, chutes e cotoveladas propositais. Mas os Bulls aprenderam a ignorar e até a rir da artimanha dos Pistons. Com isso, eles ficaram sem ação e os Bulls se tornaram os verdadeiros campeões, desarmando o oponente em vez de atacá-lo".

CAPÍTULO 7

ELE ME CHAMOU DE "ESCÓRIA"
Mude sua fisiologia e mudará sua mente

ESTRESSE, O INIMIGO DO CONTROLE DAS EMOÇÕES

CADA PESSOA TEM UM TIPO ESPECÍFICO DE REAÇÃO AO ESTRESSE. É IMPORtante compreender como funciona esse sistema de ação/reação. Temos, em nosso interior, uma espécie de "sensor" que dispara toda vez que passamos por situações estressantes. Para identificá-lo é preciso prestar atenção às nossas reações para ter tempo de controlar e redirecionar cada uma delas. Uma vez detectadas, é possível neutralizar as emoções para agir adequadamente em vez de simplesmente reagir.

Há duas maneiras de fazer isso:

1. Mudar sua fisiologia
2. Mudar sua psicologia

MUDAR SUA FISIOLOGIA

PRIMEIRA REAÇÃO AO ATAQUE: RETRAIR-SE

Digamos que você está se sentindo injustamente atacado por um superior (professor, pai ou mãe, oficial ou superior, gerente ou diretor etc.) que interpretou mal uma resposta sua e passou a criticar seu trabalho. A mágoa gerada por esse tipo de tratamento que está recebendo irá se refletir em seu físico, o que só fará aumentar ainda mais sua raiva e seu sofrimento. Se ele grita com você por algum motivo, você se retrai e se afasta. Se ele comenta sobre seus erros em frente aos colegas, sua respiração se altera e se eles começam a comentar sobre isso você fica constrangido e a temperatura de seu corpo se eleva. Em estados assim ninguém consegue pensar e agir com calma e discernimento. O físico acaba interferindo e aumentando ainda mais nossos níveis de estresse.

O que fazer nesses casos? Como reverter a situação? Como controlar essas reações físicas naturais?

COMO CONSEGUIR RECUPERAR O CONTROLE

Há algumas técnicas que podem ser utilizadas para reequilibrar nossa fisiologia. Por exemplo: faça exercícios simples de respiração, inalando e exalando ritmicamente em momentos de estresse em vez de respirar com dificuldade. Ou experimente diminuir a pressão do momento mudando de ambiente. Tente ir conversar com a pessoa em outro lugar, em uma sala mais tranqüila em vez do corredor ou um local cheio de gente. Pode-se interromper uma discussão e estabelecer uma pausa tomando um copo d'água, caminhando um pouco ou oferecendo à pessoa um local para se sentar. Mudar o local da conversa pode modificar o rumo e o resultado da discussão. Tomar iniciativas desse tipo ajuda a recuperar o controle emocional. Enquanto toma a água, você terá alguns minutos para pensar em como a pessoa teve uma má impressão a seu respeito e contornar a situação antes que seja tarde. Ir até outro local lhe dá a chance de conversar em particular com ela e a reação será sempre diferente do que se estiverem em público.

Técnicas, hábitos e exercícios
– Um tipo para cada situação

Você já percebeu que é difícil ficar zangado quando se está sorrindo? Claro, você irá dizer que, se estiver sorrindo, é porque não está zangado e que se estiver zangado não há motivo para sorrir. Mas isso nem sempre é verdade. Imagine a seguinte situação: você está em uma loja tentando devolver uma blusa azul três números maior que o seu, e a vendedora não quer aceitar porque você não tem a nota da compra. Você explica que foi um presente de sua mãe e que por isso não tem a nota. Ela pergunta por que sua mãe lhe daria uma roupa três números acima do seu. Você não tem a menor idéia e só quer devolver o produto. Ela argumenta que você poderia ter usado a blusa e ela ter lasseado. Você jura que nunca a usou, mesmo porque detesta azul. Mais uma vez ela pergunta por que sua mãe lhe daria algo do tamanho errado e de uma cor que você detesta. Então, quando você já está prestes a perder a paciência, ela lhe pede que vá até o andar do departamento administrativo porque se trata de uma troca duvidosa. Sua amiga, que está ao seu lado ouvindo toda a conversa, diz que seria mais fácil falar com o diretor geral da CIA. Apesar da situação, você ri da piada. É uma reação involuntária. E sua raiva parece se dissipar um pouco. Isso não significa que temos de ouvir uma piada para mudar nosso humor, mas qualquer tipo de pensamento agradável ou uma pausa na situação pode ter um efeito positivo. Ou seja: mudar de assunto ou falar com outra pessoa por alguns segundos ajuda a diminuir a raiva.

A técnica do sorriso

Apresentamos a história verídica de um atleta sob pressão e de um treinador nada convencional e sua pequena arma secreta. E também é a história de como Ron conseguiu fazer seu filho relaxar durante uma difícil partida de beisebol.

ISSO PODE NÃO FUNCIONAR COM GRANDES TIMES, MAS FUNCIONOU MUITO BEM COM UM PEQUENO JOGADOR

Quando meu filho David começou a jogar em um pequeno time de beisebol, ficava tão tenso com medo de não acertar a bola que acabava errando sempre. Quanto mais tenso ficava, menos conseguia. Depois de vários jogos em que mais parecia estar ajudando o adversário do que seus companheiros, resolvi tentar ajudá-lo. Em vez de lhe dar conselhos técnicos como "tente se posicionar melhor ou bater mais abaixo na bola", disse a ele para sorrir quando estivesse em campo. Beisebol é um jogo, um esporte para divertir as pessoas. Às vezes nos esquecemos disso quando estamos sob pressão. Combinamos que eu o ajudaria a se lembrar. Daquele dia em diante, a cada jogo, eu ficava do lado de fora do campo, com os outros pais, e gritava "sorria, David. Sorria". Então, depois de algumas partidas, finalmente vi que ele começava a esboçar um sorriso. E com o sorriso vieram as vitórias.

Mas o contrário também pode ocorrer. Se um sorriso pode fazer com que o desempenho de uma pessoa seja positivo, uma atitude ou uma expressão facial negativa também podem atrapalhar. Se você estiver vivendo um momento feliz, mas ao fechar os olhos se lembra de uma experiência triste ou desagradável que viveu, seu corpo irá absorver e refletir seus pensamentos. Seu sorriso irá desaparecer, seus ombros irão se encolher, suas costas irão se arcar, sua cabeça se inclinará para a frente e você irá se recolher ou adotar uma postura mais introspectiva.

OS DEDOS SOBRE OS LÁBIOS

Uma técnica muito simples, porém eficaz, para combater comportamentos negativos (como dizer coisas ruins nos piores momentos possíveis) é manter a boca fechada; uma idéia brilhante, mas não tão fácil de ser colocada em prática. Mark explica como desenvolveu um gesto que o ajuda muito.

"CALE A BOCA, MARK" (DIGO A MIM MESMO)

Alguém me diz algo para me provocar. O que acontece? Ele consegue. Alguém me desafia... eu aceito. Alguém grita, eu grito. Mas nem sempre consigo revidar da maneira mais brilhante ou perfeita. Já percebi que muitas vezes respondo sem pensar e me arrependo por não ter mantido a boca fechada. Por isso comecei a me conter antes de dizer algo que não quero, no momento em que a conversa começa a me deixar tenso. Quando meu radar interno capta uma situação difícil, coloco automaticamente o dedo indicador sobre os lábios. Quem está ao meu redor tem a impressão de que estou pensando, o que não deixa de ser verdade. Estou pensando em não dizer algo ridículo ou sem sentido. Esse pequeno gesto me faz, literalmente, fechar a boca e fazer uma pausa. Meus lábios permanecem selados até que eu decida exatamente o que dizer. No início precisava ficar me lembrando de fazer isso cada vez que começava uma discussão, mas hoje é automático. Se alguém me desafia imediatamente eu penso: "dedo sobre os lábios". Se alguém grita: "dedo sobre os lábios". Só depois de pensar muito eu respondo. E (quase nunca) me arrependo do que digo.

As reações físicas são quase sempre a manifestação ou um reflexo de nosso humor ou de nossa psique. E não se trata de um comportamento típico de adultos. É algo que acontece desde a infância. Lembra-se de quando seu filho ou filha de dois anos anunciou, triunfante, que havia conseguido usar o penico? Seu peito estava provavelmente estufado de orgulho e sua espinha tão ereta que ele ou ela parecia bem maior do que uma criança de sua idade (até mesmo os cães abanam a cauda quando recebem agrados ou alimentos e se esgueiram para fora da sala quando são repreendidos). Os estados emocionais se refletem no físico e vice-versa. É surpreendente observar como as oscilações emocionais e a fisiologia são influenciadas uma pela outra. E não se trata de invenção, mas sim de constatação científica como observa um ex-professor da Universidade Johns Hopkins.

FALAR ELEVA A PRESSÃO SANGUÍNEA (E OUVIR PODE REDUZI-LA)

O psicólogo James J. Lynch, diretor do Life Care Health Center e ex-membro do corpo docente da Escola de Medicina da Universidade Johns Hopkins, foi um dos primeiros pesquisadores a utilizar a tecnologia que mede a pressão sanguínea de um paciente à medida que ele emite cada palavra durante uma conversa. O que ele descobriu é algo que já havíamos percebido há algum tempo: que o ato de falar tem um efeito mensurável sobre nossos corpos, mais especificamente sobre o sistema cardiovascular. Ou seja, falar faz com que a pressão sanguínea do corpo se eleve continuamente até que tenhamos certeza de que fomos corretamente ouvidos e compreendidos. Como nem sempre isso ocorre, acabamos nos sentindo frustrados e ainda com a pressão elevada.

Lynch observou essa reação primeiramente em bebês durante o choro. Adultos reagem exatamente como os bebês. A única diferença é que aprenderam a socializar sem chorar (pelo menos na maior parte do tempo). Mas da mesma maneira que os bebês, quando os adultos sentem que foram ouvidos (ou que estão recebendo estímulo por parte dos outros), sua pressão tende a diminuir. Segundo Lynch "nosso maior erro é pensar (...) que o processo de falar é mental. Você (...) fala usando cada célula de seu corpo".

Em resumo, quando dizemos algo sem transmitir sentimentos, apenas nos comunicando, nossa pressão sanguínea pode se elevar (e até nos fazer mal). O contrário também é verdade: quando o relacionamento entre o palestrante e a audiência é positivo, o resultado é muito benéfico para a saúde. Ambas as partes doam e recebem benefícios físicos e psicológicos.

As circunstâncias psicológicas podem resultar em uma grande variedade de manifestações físicas. Quando se enfrenta uma pessoa difícil (do tipo que se julga poderoso, intimidador, imprevisível, que ameaça, se recusa a cooperar, é exigente etc.), o corpo começa a enviar sinais de que há algo errado. As palmas das mãos ficam suadas, a região dos ombros se contrai ou abaixamos levemente a cabeça. Também podemos nos retrair, adotando a clássica postura de "fuga". Se a situação se torna ainda mais tensa podemos fechar o punho sem perceber. Ficamos totalmente na defensiva. Até o queixo tende a se mover um pouco para a frente. O corpo todo mostra que estamos prontos para atacar. É o melhor indicador da atmosfera de uma conversa.

> "Quando fico irritado conto até dez.
> Quando fico muito irritado conto até cem."
>
> THOMAS JEFFERSON

EXERCÍCIO: MUDAR A MENTE MUDANDO O CORPO

Pode parecer bobagem, mas é realmente possível mudar nossas emoções modificando nossa postura física e atitudes. Vamos tomar como exemplo a situação já citada, em que o garoto começou a forçar o sorriso até que sua atitude diante do jogo se modificou. Mas será que um sorriso forçado é igual a um natural? Se compararmos o tratamento com placebo a aquele com remédios, qual é natural e qual é artificial? Se trouxermos à mente pensamentos divertidos, imagens relaxantes e reflexões que acalmam, acabamos relaxando. Costuma funcionar bem. No início é algo forçado, mas depois ficamos de bom humor. Experimente. Você simplesmente não vai conseguir ficar bravo... ou pelo menos não tão bravo.

Mas cuidado: lembre-se de que somos apenas seres humanos. Este exercício o fará ir contra toda a raiva que estiver sentindo no momento. Isso exige prática e uma boa dose de desprendimento. Mas funciona. Claro, ninguém consegue sorrir em meio à tragédia. Porém, pode-se sorrir para evitar que uma situação difícil se complique ainda mais.

A chave para se lidar com pessoas difíceis, sejam elas difíceis sob pressão, estrategicamente difíceis ou simplesmente difíceis, é neutralizar o impacto de nossas emoções. Para isso, precisamos aprender a reconhecer as mudanças fisiológicas causadas pelo estresse do confronto e utilizar estratégias adequadas para reagir da melhor maneira possível, de acordo com as circunstâncias.

Dominar as técnicas seguintes ajuda muito. Elas podem nos colocar no controle das circunstâncias:

1. Reduzir a marcha
2. Baixar o tom de voz
3. Mudar de local ou ambiente
4. Respirar fundo
5. Relaxar os ombros
6. Sorrir
7. Colocar os dedos sobre os lábios
8. Fazer perguntas
9. Ouvir

MUDAR SUA PSICOLOGIA

Antes de começar a mudar sua psicologia e sua maneira de interagir com as pessoas, é preciso entender o que o impede de ter sempre o autocontrole desejado. Por que uma pessoa racional não consegue simplesmente reconhecer que está sob pressão, estresse ou não está reagindo bem a determinada situação e simplesmente modificar seu comportamento? Por que não pode simplesmente "sair de cena?" Parece muito estranho, não? Até os computadores conseguem se ajustar às circunstâncias de trabalho. Mas infelizmente esta não é uma característica dos seres humanos.

Temos um conjunto de crenças que bloqueiam nossas ações. São como cercas que impedem nosso lado racional de se expressar. São limites tão arraigados que nem sequer conseguimos identificá-los. Apenas seguimos automaticamente o padrão preestabelecido. A única maneira de modificar esta programação em nosso ser é absorver e desenvolver crenças ainda mais fortes e poderosas.

> "Não importa se você acredita que pode ou que não pode fazer alguma coisa. Você está certo."
>
> HENRY FORD

CRENÇAS LIMITADORAS

Indivíduos que temem ou evitam confrontos com pessoas difíceis normalmente têm um "discurso negativo" em seu subconsciente. É aquela voz em nossa mente que fica nos dizendo o tempo todo que não podemos fazer determinadas coisas e nos mostrando um filme de terror e desastre em nossa tela mental. É a paranóia que nos persegue, somando todas as nossas inseguranças nos piores momentos e nos enviando mensagens assim:

Hoje é o dia em que você vai ter problemas, entrar em enrascadas e becos sem saída. Em sua tela mental um filme passa rápido mostrando você em todas as situações mais difíceis e, ao fundo, uma voz fica dizendo "você? Jamais. Nunca conseguiu e jamais conseguirá".

O chefe anuncia que há uma vaga para o cargo de supervisão. "Será que devo me candidatar? Bem, tenho todas as qualificações necessárias. Estou pronto para tentar". Mas aquela voz interior responde: "A quem você acha que está enganando? Você é um fraco, um perdedor".

Você está estudando para um exame de certificação profissional. Domina bem o assunto. Já fez e refez todos os testes simulados e está pronto para entrar na sala de exame. Mas aquela voz em sua mente começa a repetir: "Ainda não. Deixe para a próxima, para o ano que vem. É melhor desistir enquanto há tempo".

A loja de serviço autorizada quer cobrar pelo conserto. O aparelho ainda está no período de garantia. Mas o funcionário diz que esse tipo de conserto não é coberto. Tentando fazer valer seus direitos de consumidor você vai até o gerente, um grandalhão carrancudo, que o atende com má vontade. De repente aquele velho filme começa a passar em sua mente: "Hora de parar. Desista. Acene a bandeira branca. É melhor não mexer com ele".

Alguém entra na sua frente em uma fila. Em vez de dizer educadamente à pessoa que é a sua vez de ser atendido, você começa a ouvir a voz em sua mente dizendo "deixe-o passar na frente. Você não tem capacidade para lidar com este tipo de situação".

Você está prestes a deixar a proteção do lar materno para viver sozinho. Arrumou um emprego, alugou um apartamento, encaixotou todos os seus pertences. Na hora de abrir a porta para sair, a voz da insegurança fala mais alto: "Está tentando se enganar? Você não consegue viver sem os cuidados de sua mãe. Volte agora e vá para o seu quarto. Sua mãe é que tem razão".

Você quer convidar aquela moça para sair. Ela parece gostar de você. Mas, ao atravessar a sala em direção a ela, lá vem a voz do fundo de sua mente, dizendo: "Você vai ser rejeitado... humilhado... novamente".

Ressalva: Claro, algumas dessas crenças são positivas. Acreditar que não se pode pular de um prédio e pousar suavemente no chão evita muitos acidentes.

Mas outras são tão limitadoras que atrapalham. Pessoas que sofrem de fobias não conseguem entrar em elevadores, sair de casa ou viajar de avião, como a mulher da história seguinte que viajou com Ron.

MEDO DE VOAR
FOBIAS SÃO CLÁSSICAS CRENÇAS LIMITADORAS

Embora algumas pessoas sejam um tanto céticas quanto à existência de crenças limitadoras ou positivas, basta observar alguém que sofra de um tipo de fobia para entender como elas afetam o comportamento humano. Certa vez, quando estava em um vôo internacional, sentei-me ao lado de uma mulher que me disse imediatamente: "Espero que você não se importe, mas preciso me sentar perto do corredor porque tenho medo de voar". Como viajo de avião com freqüência, fiquei olhando para ela e pensando em como a crença de que a aeronave poderia cair a afetava física e emocionalmente. Quase começou a chorar quando começamos a taxiar em direção à pista. Encolhia-se toda e cobria a cabeça cada vez que entrávamos em uma zona de turbulência. Suas mãos suavam e seu rosto estava pálido. Mal conseguia falar. E embora tenha sido um vôo tranqüilo até na hora do pouso, ela comentou, quando paramos: "Puxa! Essa foi por pouco".

Embora este seja um exemplo um tanto extremo de como as crenças afetam o comportamento, há muitos outros não tão óbvios assim. É importante entender quais são nossas crenças limitadoras (ou "minifobias"). Pode ser o medo de estarmos sempre errados, de não sermos aceitos, de sermos explorados ou enganados por alguém. Embora nem todos apresentemos sintomas físicos de fobias, não podemos negar que algumas dessas crenças têm grande impacto sobre nossa maneira de pensar e de agir.

A maioria delas varia em extremos. Podem ser bem simples, mas limitam nossas capacidades. Podemos dizer: "Não sou muito bom em matemática. Nem adianta tentar ficar calculando minhas despesas mensais". O resultado acaba sendo uma conta com saldo negativo, cheques sem fundo e problemas de crédito. Se nos deixamos levar pelas crenças limitadoras, fazemos mal a nós mesmos. Alguém que pense "sou burro, não sei escrever direito" pode usar o corretor automático do computador para verificar sua correspondência. É uma solução simples e prática a menos que a pessoa se sinta tão insegura que nem sequer consiga escrever uma frase em um *e-mail* ou cartão postal sem usar o corretor. Nesse caso, algo que seria uma solução acaba se tornando um problema e uma dificuldade de comunicação.

Como essas crenças nos deixam inseguros, não é de surpreender que se manifestem exatamente quando estamos sob pressão ou lidando com pessoas difíceis. Que ocasião seria mais propícia para dúvidas, pessimismo e autocrítica? Ouvimos claramente aquela voz em nossa mente dizendo:

"Não sou bom em administrar conflitos."
"Odeio confrontos."
"Não sou tão determinado quanto deveria."

"Nem sei direito o que quero."
"Meu lugar não é aqui."
"Tenho um temperamento ruim."
"Choro muito."
"Desisto muito facilmente."
"Não mereço mais do que tenho."
"Não sou tão inteligente quanto ele/ela."
"Sempre estrago tudo."
"Não sou a pessoa certa para este emprego."
"Sabia que não ia me sair bem."

Admita: você já se flagrou pensando algumas dessas frases em momentos difíceis. Às vezes temos até a impressão de que a outra pessoa consegue ouvir o que estamos pensando e se aproveita disso para controlar a situação.

Mas as crenças limitadoras podem ser derrotadas por um tipo de crença maior e ainda mais forte: as crenças positivas, também conhecidas como crenças fortalecedoras.

Crenças positivas

Quem lida bem com pessoas difíceis já aprendeu, instintivamente ou por experiência, a modificar o discurso negativo que insiste em surgir na mente nos momentos mais difíceis. Essas pessoas conseguem calar a pequena voz que ouvem em seu interior. Ou a transformam em algo positivo que possa ajudá-las. Com um pouco de prática e técnicas específicas, você também poderá aprender a ignorar suas crenças negativas que lhe dizem que você não pode ou não consegue superar obstáculos. E passar a ouvir a voz que o ajuda a seguir em frente.

Ao invés de seguir os mantras negativos e limitadores das frases acima, você os substitui por crenças positivas. Para isso é preciso treinar uma reação e fazer com que os pensamentos positivos se tornem praticamente automáticos em situações de confronto, bastando se lembrar deles no momento certo. Quanto mais se pratica, mais a autoconfiança se desenvolve. Com o tempo, a voz das crenças limitadoras se torna cada vez mais inaudível. E a voz das crenças positivas passa a substituí-las permanentemente:

"Estou pronto."
"Posso resolver essa situação."
"Tenho controle sobre minhas reações."
"Já estava esperando por isso".
"Vou simplesmente ouvir e depois agir da maneira mais adequada."
"Tenho boa intuição."
"Já enfrentei situações como esta."
"Vamos com calma."
"Vou tratar a pessoa com respeito e exigir respeito também."
"Sou bom naquilo que faço."
"Estou gostando disso."

EXERCÍCIO: TROCA DE CRENÇAS

O objetivo deste exercício é criar propositalmente algumas crenças limitadoras e praticar o desenvolvimento de crenças positivas. Veja os exemplos seguintes, extraídos de situações reais. Depois escreva frases com exemplos de sua própria vida (reuniões, confrontos, compras, problemas de família, problemas financeiros, problemas com o carro etc.). Observe e anote quais crenças limitadoras afetaram ou afetariam seu comportamento em cada uma dessas situações e então tente ver o problema por um ângulo diferente.

Imagine frases e sensações positivas que poderiam substituir as negativas que surgiram. Se aprendemos a reconhecer hábitos negativos e desenvolvemos o costume de reagir com posturas positivas, elas passarão a ser automáticas em tudo o que fazemos.

Imagine um copo cheio de água até a metade. Para você, ele está metade cheio ou metade vazio? Se sua resposta é metade vazio, isso significa que você normalmente não persiste muito quando se trata de resolver problemas e desiste com certa facilidade, dando muitas causas por perdidas. Já se o vê como metade cheio, sua força de vontade normalmente é maior que seu desânimo. A visão de mundo faz toda diferença quando se trata de atingir metas.

Situação: um jovem aspirante a ator prepara-se para um teste com o renomado diretor Steven Spielberg.
Crença limitadora: pessoas famosas e bem-sucedidas me intimidam.
Crença positiva: pessoas são pessoas.

Situação: um novato tem a chance de jogar uma partida de futebol com Ronaldinho.
Crença limitadora: não vou conseguir jogar ao lado de alguém tão importante.
Crença positiva: ele é bom, mas é um jogador como outro qualquer.

Situação: um executivo recebe a notícia de que será responsável por fechar um contrato disputado, de milhões de dólares, concorrendo com uma das melhores agências do mundo.
Crença limitadora: se eu perder esse contrato, serei demitido.
Crença positiva: meu chefe confia em mim e sabe que farei tudo o que puder para conseguir o contrato.

Situação: um comandante da Força Aérea é enviado para liderar um esquadrão em uma missão de bombardeio de um território cheio de tropas inimigas e de sofisticada artilharia antiaérea.
Crença limitadora: isso não vai funcionar.
Crença positiva: vou encontrar a melhor maneira de fazer isso sem ameaçar a vida do esquadrão.

Situação: o líder de um sindicato estabelece negociações com uma companhia energética que exige concessões salariais. A empresa ameaça ir à imprensa e informar que pode vir a quebrar, causando um grande problema para a economia local. Na verdade obtiveram lucros recordes no último ano, porém esconderam esse resultado dos funcionários e prometeram bônus extra apenas para os altos executivos.
Crença limitadora: sinto-me de mãos atadas quando as pessoas agem de maneira desleal.
Crença positiva: nem sempre se podem atingir os resultados desejados. Se o acordo não for interessante para os funcionários, não precisamos fechá-lo.

Agora imagine situações que você tenha enfrentado ou costuma enfrentar nas quais suas crenças limitadoras o atrapalham. Pense então em frases ou crenças que lhe permitiriam ir além desses limites.

No trabalho: quais desafios você já enfrentou no escritório que lhe pareceram impossíveis de superar no momento, mas que poderiam ter sido contornados ou resolvidos de outra maneira?

Na vida pessoal: que circunstâncias difíceis você já enfrentou (ou evitou enfrentar) que poderiam ter sido mais bem resolvidas com a ajuda de crenças positivas?

Na vida familiar: que problema você já deixou de resolver, mas poderia ter sido resolvido, se você tivesse crenças positivas que lhe dessem apoio e estímulo suficiente?

LUTAR, FUGIR, ESTABELECER UM FOCO, PSICOLOGIA, FISIOLOGIA, EMOÇÕES NEUTRALIZADAS, CRENÇAS LIMITADORAS E POSITIVAS... COMO TUDO ISSO SE ENCAIXA.

Apresentamos a seguir uma história em que Ron teve possibilidade de fugir, lutar ou estabelecer um foco e também de modificar sua psicologia, sua fisiologia e estabelecer controle sobre elas. Ao final conseguiu neutralizar suas emoções, substituir suas crenças limitadoras por outras positivas e transformar uma situação tensa e difícil em um resultado positivo. Foi uma verdadeira montanha russa emocional.

ELE ME CHAMOU DE "ESCÓRIA" E A SITUAÇÃO FICOU DIFÍCIL
COMO UM EMPRESÁRIO DE JOGADOR DE FUTEBOL AMERICANO CONSEGUIU NEGOCIAR COM UM EXECUTIVO QUE DETESTAVA EMPRESÁRIOS

Em nossas palestras sobre negociações, ensinamos as pessoas a lidar mais positivamente com desafios pessoais, sociais e profissionais. No entanto, algumas pessoas aprendem com mais facilidade que outras. Muitas vêm para os cursos com preconceitos arraigados e difíceis de serem modificados; outras vêm prontas para confrontar tudo e todos. Ou seja, acabamos tendo *bullies* e pessoas difíceis até em nossos seminários. O caso seguinte mostra alguém que chamou a mim e a minha profissão de "a escória do mundo".

Em dezembro de 1997, Mark e eu estávamos em Dallas dando um treinamento para o Conselho Administrativo da National Football League, composto de presidentes, gerentes gerais e dirigentes. Nossa missão era ensinar a esses experientes negociadores como utilizar as técnicas N.I.C.E. e facilitar seu trabalho, uma tarefa difícil devido ao nível de sofisticação que sua profissão exigia. Negociar era, para eles, uma questão de sobrevivência. Foi uma experiência estimulante para mim, pois já tinha representado várias vezes o outro lado da empresa, ou seja, os jogadores. Para muitos dos participantes daquele seminário, eu era algo que detestavam: um empresário.

Mas não imaginava que isso fosse um obstáculo tão grande. Iniciamos o curso apresentando o conteúdo, os objetivos e as metas. Passamos então à teoria. Então, em meio à minha apresentação, um dos membros da audiência começou a falar sobre a frustração que sentia ano após ano em relação aos jogadores e a seus empresários. Eram problemas com escalas, pagamento, cláusulas de contratos, bonificação e garantias, seguros, alimentação, moradia, transporte e todo tipo de exigências. Parecia ter um discurso pronto para me atacar. Chegou a se levantar da cadeira enquanto falava.

O cavalheiro se chamava Bill Polian, era um dos principais diretores da NFL e presidia o time Carolina Panthers (usei o termo "cavalheiro" para ilustrar, como se verá adiante, que mesmo as pessoas de mais fino trato podem se tornar negociadores bastante difíceis dependendo das circunstâncias. Ter essa compreensão nos permite lidar melhor com alguns tipos de pessoas difíceis). Não repliquei ou fiz qualquer tipo de pergunta. Bill simplesmente se levantou da cadeira e disse tudo o que tinha vontade. O silêncio na sala era quase palpável. Todos o observavam à medida que se exaltava e suas faces iam ficando cada vez mais vermelhas. Seu discurso continha uma mistura de sarcasmo, ceticismo e raiva contra todos os representantes de jogadores.

Entre as frases mais ofensivas (pois jamais irei me esquecer do que ouvi) estava: "O que viemos fazer aqui? Aprender a lidar com a escória do mundo? E ainda por cima com um mísero empresário? Técnicas N.I.C.E.? Você deve estar brincando ou é muito idiota".

As pessoas começaram a ficar agitadas. Algumas me olharam como se concordassem comigo, mas não se manifestaram. Bill continuou a despejar sua raiva: – Com todo o respeito possível, não há o que se possa aprender de um empresário que leve a um resultado positivo. Empresários só existem para causar problemas e sugar nosso dinheiro. São todos falsos e mentirosos. Não faz o menor sentido continuar com isso.

Ele falou tanto que conseguiu exaltar os ânimos de alguns participantes. Vários deles já tinham tido experiências negativas com empresários. Podia-se sentir uma tensão crescente no ar. Era um daqueles momentos típicos em que sentimos que é hora de "lutar" ou "fugir".

Para dizer a verdade, seu discurso me atingiu em cheio. Foi doloroso ser atacado daquela maneira. Por mais profissional que eu seja, também sou humano. O que fazer? Uma parte de mim queria "contra-atacar": "E você acha que os diretores e presidentes dos clubes são os melhores indivíduos do mundo? Vocês se julgam santos? Não vejo halos ou asas em ninguém nesta sala. Vocês são responsáveis por engordar os caixas do clube. Será que sobra algum dinheiro para caridade ou vai tudo para os bolsos dos membros da diretoria?"

Mas decidi não atacar. Também senti muita vontade de "fugir". Poderia ter dado ouvidos a crenças limitadoras como "não consigo mesmo lidar com pessoas desse tipo". Porém, se o ignorasse ou concordasse com ele, iria perder minha credibilidade perante o grupo. Sabia que o melhor a fazer era tentar me concentrar e estabelecer um foco. Precisava respirar fundo e mudar minha fisiologia para melhorar meu estado psicológico. Parar e respirar fundo em um momento difícil nos dá tempo para pensar melhor. E com isso podemos mudar nossa atitude. Percebemos que a situação pode representar uma perda, mas não uma derrota definitiva. Nada nos obriga a responder a cada frase que uma pessoa diz. Respirei fundo mais uma vez e tentei me conscientizar de que, apesar das palavras ofensivas, aquilo não era um ataque pessoal. Aquele homem detestava empresários, e não a mim. Senti que, ao invés de responder, devia fazer algumas perguntas.

– Você deve ter tido alguma experiência bastante difícil com empresários recentemente, não? Quer falar a respeito?

Bill se recompôs e começou a contar a história. Poucos meses antes havia negociado com o jogador Kevin Greene e seu conhecido empresário Leigh Steinberg. O teor controverso das negociações rendeu comentários negativos e maldosos por parte da imprensa. O empresário estava convencido de que, apesar de faltar um ano para o término do contrato, o jogador merecia um aumento de salário. Kevin receberia 650 mil dólares mais bônus, o que resultaria em mais de 1,6 milhão. Bill insistia que "contrato é contrato" e que só negociaria quando o prazo houvesse terminado. Mas o empresário exigia um aumento imediato. Convenceu o jogador a "se rebelar", ou seja, Kevin se recusou a jogar, a menos que seu salário fosse renegociado. Os 74 dias de greve resultaram em 292.626,00 (mil) dólares em multas e em seu afastamento do Panthers. Bill conseguiu fazer valer os direitos de contrato, mas o resultado foi negativo. O time perdeu um jogador importante, sofreu derrota em uma revanche, desapontou os torcedores e Kevin perdeu uma fase importante de sua carreira. Foi um incidente infeliz que fez com que Bill detestasse ainda mais os empresários. Concluiu que nenhum deles se preocupa com integridade, compromisso, honra e que seu único objetivo é ganhar dinheiro a qualquer custo. E como se isso não bastasse, dois dias antes de iniciarmos o curso, em Dallas, o Carolina Panthers havia perdido uma partida decisiva para outro time, o New Orleans Saints, o que aumentou ainda mais sua frustração. Bill não tinha dormido na noite anterior e estava irritado pelo fato de nosso seminário ter sido marcado tão próximo da semana final do campeonato, a época mais importante do ano. Muita coisa havia acontecido com ele naquelas últimas semanas e sua frustração alcançou tal ponto que ele não pôde mais se controlar. Estava agitado demais!

Enquanto ele contava sua história, coloquei o dedo sobre os lábios e ouvi atentamente. Desci do palanque (se você sente que é um alvo, mova-se), caminhei pela sala (mude o local do confronto e estabeleça o controle) e com isso ganhei alguns segundos para pensar. Fui me aproximando de Bill enquanto ele terminava de contar a história. Foi quando percebi que ele não havia tido tempo para se recuperar da experiência. Havia perdido um bom jogador, estava envergonhado e jurava que jamais seria ultrajado daquela maneira novamente.

Mudei a abordagem psicológica e, em vez de responder irracionalmente, procurei estabelecer um foco diante dos fatos.

1. Bill tinha motivos óbvios para detestar empresários.
2. Para ele eu era um empresário e, portanto, um inimigo em potencial.
3. Ele não havia tido nenhuma experiência comigo enquanto empresário.
4. Eu estava sendo acusado por fazer parte de um grupo de profissionais. Tornei-me vítima por amostragem. Encaixava-me na descrição de empresário e, portanto, aos seus olhos, não merecia confiança. Naquele momento eu representava um ícone de sua raiva e frustração.

Eu tinha de aceitar os fatos e a realidade. Mas como contornar a situação se ele me via como um inimigo? Claro, eu não era apenas um empresário. Também era um ser humano, exatamente como Bill.

E naquele momento era um professor. E administrador, assim como ele. Talvez a única maneira de mudar o foco fosse exatamente aquela: mostrar outras possibilidades.

Aproximei-me dele e a platéia me seguiu com o olhar. Ele não se moveu ou esboçou qualquer reação. Parecia um daqueles filmes de faroeste. Ao mesmo tempo, eu também não tive nenhuma reação agressiva. Não contra-ataquei ou critiquei seu discurso, embora estivesse com muita vontade. Em vez disso me inclinei, com o microfone na mão, e disse:

— Eu sei o que você está sentindo.

Ele empalideceu. Não esperava aquela reação de minha parte. Um empresário concordando com ele? Mas não baixou a guarda. Continuou a me olhar, como a dizer: "E o que mais?" Continuei, então:

— Sei exatamente como você se sente. Quando iniciei minha carreira, administrava uma estação de rádio e tinha de negociar a contratação de cantores com seus (e fiz uma pausa proposital)... empresários. E a maioria deles não era confiável, muito ao contrário. Alguns chegavam a ser imorais. Tentavam ganhar e sugar todo o dinheiro possível para seus clientes mesmo que isso ameaçasse o sucesso da rádio e, conseqüentemente, o deles.

Bill começou a balançar a cabeça, não porque estivesse contra o que eu dizia, mas por empatia. Eu conhecia muito bem aquele tipo de empresário. Continuei:

— Alguns eram verdadeiros tiranos, implacáveis – ele me olhava sem entender exatamente onde eu queria chegar. – Alguns até apresentavam argumentos razoáveis em favor de seus clientes. Outros se interessavam apenas pelo aspecto financeiro e queriam saber como poderiam tornar a rádio ainda mais lucrativa. – Chegara o momento da argumentação final: – Agora deixe-me perguntar uma coisa, Bill. Você acha justo condenar todos os empresários pelo comportamento antiético de alguns?

Ele não era do tipo que desistia facilmente.

– Só que alguns acabam fazendo com que toda a categoria tenha fama negativa.

Continuei tentando estabelecer pontos em comum.

– Não discordo. Mas você já negociou com empresários que não eram desonestos?

Ele fez uma longa pausa e respondeu:

– Não muitos. – Nesse momento percebi que havia vencido a argumentação. "Não muitos" era bem melhor que "nenhum". Mas eu ainda queria mais. Aproximei-me e perguntei:

– Nenhum em especial?

Ele balançou a cabeça. A platéia começou a rir.

– Bem, poucos – foi o início de um dos seminários mais produtivos de minha carreira.

Pós-escrito: Bill Polian trabalhou mais tarde para o time Indianapolis Colts e ajudou a torná-lo um dos times mais fortes da NFL. Até hoje passa o tempo todo negociando com jogadores e seus empresários. Gosto de pensar que talvez aquele seminário tenha contribuído para que sua carreira continuasse tão promissora.

Mesmo as pessoas mais gentis e educadas podem se deixar controlar por suas frustrações e emoções e se tornar difíceis. Bill Polian é um exemplo disso. Seus níveis de estresse e frustração estavam tão altos durante aquele seminário que ele não conseguiu se conter. Depois de algum tempo, conversamos pelo telefone e ele confessou que, embora me visse como "um empresário" e odiasse todos naquele momento, jamais deixou de ser um fã dos esportes e reconhece que tudo o que eu lhe disse causou tão boa impressão que sempre se lembra disso e utiliza as técnicas que aprendeu quando negocia na NFL.

PARTE TRÊS

1 – IDENTIFIQUE O TIPO DE PESSOA COM QUEM ESTÁ LIDANDO: SAIBA EXATAMENTE O TIPO DE DIFICULDADE QUE IRÁ ENFRENTAR

CAPÍTULO 8

CASO DE POLÍCIA
Como lidar com pessoas que se tornam difíceis quando estão sob estresse

ELES SÃO TODOS VALENTÕES, CERTO? DESAGRADÁVEIS, CORRETO? E TODOS IGUAIS? NÃO.

EMBORA SE ACHEM SERES ÚNICOS E ESPECIAIS, OS *BULLIES* EXISTEM NOS MAIS variados tipos e formatos. São conhecidos por seus gestos e maneirismos desagradáveis, linguajar irritante e hábitos maldosos. Mas por sorte é possível classificá-los em algumas categorias. John McEnroe, a estrela do tênis; Robert Irsay, o jogador do time Baltimore Colts; Tonya Hardin, a esquiadora olímpica; Bobby Knight, o treinador de basquete; Winston Churchill, o primeiro-ministro da Inglaterra, e Nikita Kruschev, o líder russo da Guerra Fria, são variações de tipinhos nervosos conhecidos no mundo todo por seus ataques sempre que se encontravam sob pressão. Já Ty Cobb, o assassino em série Hannibal, "The Cannibal" Lecter, o temido senador Joseph McCarthy e até o ex-presidente Richard Nixon planejavam astuciosamente todos os detalhes de execução de seus planos de vingança. E o gângster Al Capone, os despóticos governantes Idi Amin e os Husseins (Saddam e seus filhos, Uday e Qusay), os genocidas loucos Joseph Stalin e Adolf Hitler; o terrível Charles Manson e até mesmo o boxeador

Mike Tyson são déspotas asquerosos que massacram a todos, usando maldade irracional e incutindo medo.

Todos os tipos de *bullies* podem ser identificados. Suas personalidades sórdidas deixam rastros semelhantes a impressões digitais por onde quer que passem. O segredo está em aprender a identificar os padrões óbvios ou sutis que eles seguem. Quanto mais se descobre sobre o que os motiva a agir de determinada maneira, mais facilmente se lida com eles.

1-2-3 – IDENTIFIQUE

Transforme o hábito de identificar em algo automático. Siga três passos básicos antes de interagir com pessoas que você suspeita que são tipos difíceis.

1. Pesquise: Pesquise sobre a pessoa, seu passado, estilo, comportamento, características, metas, auto-imagem e reputação. Quanto mais você souber a respeito dela, mais bem preparado estará e menos surpresas irá ter.
2. Observe: Cada vez que encontrar a pessoa, observe tudo o que ela faz e ouça atentamente o que ela diz. Preste atenção em seus gestos, linguagem, humor, comportamento, piadas, maneirismos e qualquer coisa que lhe dê pistas sobre seu tipo de personalidade.
3. Sonde e analise: Se tem dúvidas sobre o que a pessoa pensa, suas intenções ou como ela se sente, a melhor maneira de descobrir é perguntar. Seja sutil e educado, mas não deixe que a timidez ou a insegurança o impeçam de descobrir aquilo que quer. As pessoas normalmente dizem o que pensam e por quê. Você pode até não gostar do que irá ouvir. Os *bullies* podem ser rudes e ofensivos, mas aprendemos muito

interagindo com eles. Tente encontrar pontos em comum em seu discurso para facilitar o diálogo. Embora vocês estejam em lados opostos de uma questão, há sempre algo com que ambos concordam. Vocês podem ter formas diferentes de educar, ou mesmo filosofias profissionais diferentes, mas ter filhos da mesma idade, comprar ou vender o mesmo produto ou possuir alguns *hobbies* em comum.

COMECEMOS COM O TIPO DIFÍCIL EM SITUAÇÕES DE ESTRESSE

Eis uma lista que ajuda a identificar (com pouquíssima margem de erro) pessoas difíceis em situações de estresse.

1. Estão passando ou acabaram de passar por uma situação estressante. Pode ser pressão no trabalho, em casa ou mesmo uma reação a problemas (dinheiro, relacionamentos amorosos, filhos, saúde, prazos, pressão social ou mesmo algum tipo de confronto a que tenham sido forçadas). Os problemas podem ser constantes ou recorrentes. Mas são sempre suficientes para tirá-los de seu equilíbrio e resultam em um comportamento quase sempre irracional. E não devemos nos esquecer de que a definição de situação estressante varia muito de pessoa para pessoa. O que é perfeitamente suportável para uns pode levar outros à loucura.
2. Suas reações em relação aos eventos são normalmente exageradas. Fazem um verdadeiro escândalo por qualquer motivo, além de reagirem de maneira agressiva mesmo quando as pessoas falam com elas de maneira calma. Podem sair batendo portas, chutando cadeiras e atirando objetos. E depois se fecharem e ficar incomunicáveis durante dias.

Também podem dar ultimatos ("Faça o que eu digo, senão..."). E mesmo que consigam o que querem raramente ficam satisfeitas (pois ainda estão sob estresse).
3. Podem-se acalmá-las usando algumas das técnicas seguintes. Apesar de suas reações intempestivas e comportamento exarcebado, com o tempo acabam voltando ao normal. Alguns dias depois nem se percebe que são pessoas difíceis. Quem as conhece mais superficialmente jamais diria que se comportam assim. E não se comportam mesmo se soubermos contornar a situação ou se usarmos as técnicas adequadas.

Em geral, as pessoas difíceis ou encrenqueiras em situação de estresse são indivíduos comuns que se estressam facilmente diante de determinadas circunstâncias. São pessoas boas que se tornam más em alguns momentos. Nós é que podemos ter o azar de confrontá-las quando passaram ou estão passando por coisas como:

- ficarem presas no trânsito;
- serem surpreendidas mentindo;
- terem uma briga com o cônjuge;
- estarem se separando dele/dela;
- ter pedido demissão (e o chefe ter aceitado);
- o dia estar chuvoso (justo quando iriam correr no parque);
- a mãe estar vindo morar com elas;
- o aluguel de seu imóvel ter subido;
- terem recebido más notícias;
- a pressão no trabalho estar aumentando;
- terem descoberto ratos no porão;
- sua casa ter sido incendiada;
- terem atropelado o gato do vizinho de manhã;

- estarem sendo transferidas para outra(o) empresa/local de trabalho;
- o aparelho de DVD não ter gravado seu programa predileto;
- um cheque ter sido devolvido por falta de fundos.

Lembra-se de que mencionamos que as pessoas reagem de maneira diferente ao estresse? Agora imagine alguém do outro lado da mesa ou do balcão que esteja passando pelo mesmo tipo de estresse que você ou algo até pior. Segundo os médicos, o estresse pode ir tanto de uma simples irritação até um caso de internação. Algumas formas de estresse são óbvias; outras nem tanto (pense em tudo o que não sabemos sobre as pessoas com quem convivemos diariamente e em tudo o que elas desconhecem a nosso respeito). Cada um reage de maneira diferente aos problemas. Algumas pessoas demonstram o que estão sentindo; outras guardam tudo só para si e outras acreditam que têm pleno controle sobre suas emoções até o dia em que explodem de maneira totalmente inesperada. E a explosão nem sempre é direcionada às pessoas responsáveis pela tensão ou a nós mesmos (raramente nos culpamos por elas). Na verdade acabamos descontando tudo na pessoa que estiver mais próxima no momento da explosão (a coitada que tiver o azar de nos fazer uma pergunta infeliz no momento errado).

RACIONAL OU IRRACIONAL?

As reações das pessoas difíceis em situação de estresse nem sempre são irracionais. São apenas um sinal de que algo deu errado (um assaltante que esteja na lista dos mais procurados está exagerando quando "se sente perseguido" ou está apenas concluindo algo que é óbvio?). Ainda assim algumas tendem a exagerar e fazer escândalos maiores do que o necessário. Um encarregado do setor de compras de uma empresa, cujo filho de 18 anos havia sofrido recentemente o terceiro acidente de carro desde que tirou a carteira de motorista (destruindo o porta-malas e o banco traseiro de um furgão), entra em uma reunião para fechar a venda de 20 baias divisórias de escritórios. Mas a fábrica está com a produção atrasada devido a um problema técnico e houve um aumento nos preços dos produtos. E, para piorar as coisas, a reunião deve ser bastante tensa. Imagine como ele está se sentindo. Tem vontade de colocar um colete à prova de balas antes de entrar na sala com esses clientes.

Na verdade trata-se de uma questão de álgebra: somemos a preocupação com o filho (terá de pagar a franquia do seguro e ainda uma multa por excesso de velocidade) com o problema na fábrica e multiplicar pela questão do aumento de preços dos produtos. A resposta é: estresse!

O resultado é que a reunião não será uma reunião comum e sim um espetáculo de luta livre. E adivinhe quem irá a nocaute... Observe como os problemas se acumulam, gerando uma tensão crescente. Ele não consegue ver nenhum aspecto positivo em tudo isso. As notícias ruins parecem chegar aos montes, multiplicando-se exponencialmente, e nada parece ser capaz de detê-las.

Mark e sua família viveram uma história que ilustra bem como eventos aparentemente inocentes podem se somar e acabar formando uma incontrolável bola de neve. O que começou como um simples programa de família (ir a um estádio de beisebol) acabou se transformando em um pesadelo. Como? Um fator situacional se seguiu ao outro e de repente o caos se instaurou. Uma avalanche de fatores negativos desabou sobre eles. A história se divide em duas partes. A primeira (Caso de polícia, parte 1 – estacionamento, gravidez, polícia) é a transformação de um belo passeio em um grande transtorno. E a segunda (Delegacia, ambulância e acordo entre acusação e defesa) mostra o resultado do inferno que a família viveu.

CASO DE POLÍCIA – PARTE 1
Estacionamento, gravidez, polícia

O tradicional time norte-americano de beisebol Baltimore Orioles oferece aos torcedores, a cada temporada, um dia chamado "Jogue você também". É um dia dedicado às crianças, que podem entrar no campo após o jogo, correr pelas bases e ensaiar jogadas. Minha esposa Lori (que estava grávida) e eu tivemos a idéia de levar nosso filho Jack, de três anos, ao estádio. Fomos então, animados, e levamos também nossa filha Anna, um ano mais velha que ele.

Como os dois ainda eram muito pequenos e não iriam conseguir assistir ao jogo inteiro, decidimos chegar mais tarde, um pouco antes do final. Mas claro, as ruas ao redor estavam cheias de carros estacionados e tivemos de rodar para encontrar uma vaga. Lori estava dirigindo e eu olhava ao redor. De repente vi o que parecia ser uma ótima vaga logo à frente, mas, bem na esquina, entre duas placas de sinalização, lia-se: "proibido virar" e "não entre". Como não sou de desistir facilmente e todas as ruas ao redor do estádio estavam lotadas, imaginei que não haveria problema se estacionássemos ali só até o final do jogo. Disse à minha esposa que estacionasse e ela, mesmo a contragosto, acabou cedendo. Virou à esquerda em sentido proibido e parou na vaga.

Desci do carro e estava pegando as crianças quando vi que um policial caminhava em nossa direção fazendo sinal para que saíssemos. "Está bem", pensei. Um de nós desce com as crianças e o outro segue, procurando um lugar para estacionar. Mas o policial achou que iríamos simplesmente ignorá-lo e deixar o carro ali mesmo. Aproximou-se e pediu à minha esposa, com voz hostil:

– Carteira de motorista e documentos do veículo!

Lori abriu o porta-luvas e começou a procurar. Achou papéis, recibos, manual do carro, caixas de CDs, mapas, lenços de papel, alguns brinquedos, moedas e até o endereço de uma tia, mas nem sinal do documento do carro. Quando ele se abaixou e olhou pela janela, ela tentou explicar:

— Só parei aqui para deixar as crianças.

O policial respondeu:

— Não interessa. A multa pela infração é de 200 dólares.

Lori estava muito sensível no final da gravidez. A notícia a fez sentir-se mal. Ficou com a respiração ofegante, começou a chorar e gritou:

— Acho que o nenê vai nascer!

Mas o policial achou que ela estava fingindo para escapar da infração e se irritou ainda mais, dizendo que aquilo não era problema dele e que só queria ver a carteira de habilitação e os documentos. Olhei para ela e vi escrito em sua testa: "Como assim, não é problema seu? Parto é uma coisa muito séria. Você acha que posso ter um filho aqui na porta do estádio?". E começou a soluçar ainda mais. O policial percebeu então que se tratava de algo mais sério, ou cansou-se da situação e resolveu contra-atacar, dizendo:

— Está bem. Chamarei uma ambulância para levá-la ao hospital.

Pegou o *walkie-talkie*, começou a falar em código e pediu uma ambulância. Lori disse que não precisava de ambulância, mas só ficar mais calma.

Ele replicou:

— Não, senhora. Pode ficar sentada. A ambulância já está vindo.

Ela insistiu dizendo:

— Preciso andar um pouco.

Ele foi ainda mais incisivo, dizendo:

— A senhora vai ficar aí mesmo. Eles estão chegando.

Lori se exaltou:

— Será que você não entendeu? Preciso me levantar e caminhar! (Minha vontade era gritar com ele e acabar com aquela situação, mas senti que ele ainda poderia ser mais flexível com uma mulher grávida do que comigo).

E ela parecia tão desesperada que ele finalmente cedeu, dizendo tudo bem e que ela podia sair e caminhar um pouco (Em nossos cursos ensinamos as pessoas a observar as emoções e a acompanhar passo a passo o nível de irritação até conseguir controlá-la. Mas aquele policial conseguiu subir em uma escala de um a cinco em uma fração de segundo).

Ver Lori naquele estado estava me deixando agoniado. Conheço-a muito bem e sabia que ela só queria andar um pouco para respirar melhor, diminuir a sensação de desconforto e, principalmente, não deixar as crianças perceber que estava prestes a perder o controle. Caminhou em direção oposta e se sentou na beira da calçada do outro lado do carro, onde eles não podiam vê-la. Enquanto isso, o policial preenchia outra multa. Vê-la naquele estado me fez muito mal. Sabia que ela não estava entrando em trabalho de parto e que não era necessário uma ambulância. Ela só precisava se acalmar (e ver que ele estava prestes a nos dar outra multa me deixou ainda mais irritado). Percebi que tinha de intervir.

A situação estava ficando cada vez pior. Cada vez que um de nós falava, o guarda se irritava ainda mais e vice-versa. Dava para sentir a raiva crescente em todos. As crianças começaram a chorar, os egos se inflaram e todos se alteraram. Por que mesmo? Por causa de uma rua contramão? De uma multa? De uma mulher grávida entrando em trabalho de parto?

Vamos então à segunda parte da história. Mark e Lori poderiam ter sido presos, não fossem as técnicas N.I.C.E.

CASO DE POLÍCIA – PARTE 2
Delegacia, ambulância e acordo entre acusação e defesa

A primeira coisa que fiz foi tentar neutralizar minhas emoções. Sabia que se dissesse ao guarda algo do tipo "Viu o que você fez? Como pode tratar assim uma mulher grávida?", a situação ficaria ainda pior.

Então respirei fundo e fui falar com outro guarda que estava assistindo a tudo. Pedi:

– Será que você pode ficar um instante com minha esposa e meus filhos enquanto eu converso com aquele policial?

Ele concordou. Aproximei-me então do primeiro policial e, em tom bem calmo, disse:

– Sinto muito que isso esteja acontecendo. Sei que paramos o carro em local proibido e não estou questionando esse fato. Não é necessário uma ambulância. Se eu levar minha esposa para casa ela vai se acalmar e se sentir melhor.

Meu discurso foi tão calmo e confiante que achei que tudo se resolveria. Mas ele simplesmente me entregou a multa e disse:

– Não, senhor! Ela me disse que estava entrando em trabalho de parto. Já pedi a ambulância.

Tentei me manter calmo e insisti, dizendo:

– Não será preciso. Vamos simplesmente resolver esta situação.

Mesmo me esforçando, porém, para parecer um sujeito totalmente calmo e controlado, o guarda se mostrava irredutível, dizendo:

– Volte para o carro e fique com as crianças. Se quer ser um bom pai, fique ao lado delas.

"Vou lhe mostrar quem é um bom pai...", pensei. Aquilo já era demais. Ele havia mexido com meus brios e com a honra de minha paternidade.

Senti que estava começando a perder o controle de minhas emoções. Mas tentei não reagir (afinal, ganho a vida ensinando como se deve lidar com pessoas difíceis). "Ou este policial é um verdadeiro *bully* ou está acostumado a tratar as pessoas assim e nunca chamaram a atenção dele". Decidi me afastar física e metaforicamente. Pensei em ir falar com o outro policial que parecia ser mais flexível e tinha ficado com as crianças. Estabeleci então uma estratégia e uma possível solução com duas opções:

1. "Vamos esperar a ambulância, mas ela não precisa entrar nela caso sinta que não é necessário".
2. "Vamos pegar a multa e ir embora agora".

Com a estratégia em mente, fui até o guarda que estava com meus filhos pronto para lhe dizer: "Bem, como você me parece mais calmo que ele e está menos envolvido na situação, será que podemos conversar?" Mas antes que pudesse abrir a boca, ele se adiantou e já foi falando:

– Se você fosse um bom marido, estaria mais preocupado com sua esposa do que em sair daqui.

Agora eram dois policiais questionando minha capacidade de pai e de marido. Virei-me e, então, olhei para o primeiro policial e senti meu sangue ferver. Minha vontade era colocar o dedo bem perto de seu nariz e dizer que se eu era ou não um bom pai e um bom marido isso não era de sua conta. Percebi então que aquela situação que começara com algo tão simples estava ficando fora de controle. Parei e respirei fundo. Contei até dez bem devagar. Fui até minha esposa e disse:

– Vou ficar com as crianças. Relaxe. Vai ficar tudo bem.

Ela balançou a cabeça dizendo que estava melhor.

Sentei-me com as crianças e esperei pela ambulância. Quando ela finalmente chegou, o enfermeiro examinou Lori e disse que ela não estava em trabalho de parto. O policial os dispensou e Lori ficou conosco. Então, como já tínhamos perdido o final do jogo e o "Jogue você também", só nos restava voltar para casa. Tiramos o carro da vaga ilegal enquanto o despótico e desagradável policial nos acompanhou até o final da rua e acenou, se despedindo. Qualquer um que o visse fazendo isso pensaria que se tratava de um oficial muito educado.

Depois, analisando com calma a situação e seu comportamento, percebi que ele havia simplesmente reagido aos acontecimentos sem nenhum envolvimento emocional e sem parar para pensar no que estava fazendo. Havia sido condicionado a reagir e seguiu o padrão a que estava acostumado.

A situação:

a) Uma mulher estava infringindo as leis ao entrar na contramão e estacionar em local proibido.
b) Não apresentou os documentos do veículo.
c) Afirmou que estava entrando em trabalho de parto.

Sua reação:

a) Aplicar uma multa.
b) Aplicar a segunda multa.
c) Verificar se ela estava agindo daquela maneira para evitar a multa e chamar uma ambulância (e evitar uma ação judicial).

Seu treinamento estava tão arraigado em seu cérebro que ele não conseguia raciocinar de outra maneira. Poderia até ter dito "vou ter de chamar a ambulância, pois faz parte do procedimento para evitar problemas legais". Eu teria entendido e até concordado. Mas não. Ele continuou a agir da mesma maneira fria e grosseira, irritando Lori, a mim e até o outro policial.

A lição desta história é: se eu tivesse dado vazão às minhas emoções em vez de parar, analisar e perceber que era melhor terminar a discussão e não agravá-la, tudo poderia ter sido bem pior. Teria afrontado o policial, seria preso (na frente das crianças), colocado na viatura, minha esposa teria sido levada pela ambulância (sem mim), recebido as duas multas e meus filhos teriam de ficar sob custódia dos tios até que a mãe se recuperasse do falso parto ou o pai fosse solto.

É um exemplo clássico de confronto com uma pessoa difícil em situações de estresse. Assim que o confronto terminou, ele mudou seu comportamento, nos acompanhou e se despediu como um bom policial. A chave da questão foi o fato de eu ter mantido minhas emoções sob controle. Se tivesse dado vazão a elas, o final da história teria sido desastroso. E o segredo está, literalmente, em parar e respirar fundo. Mas como saber se estamos diante de uma situação desse tipo?

EXERCÍCIO: IDENTIFICAR A SITUAÇÃO

Volte algumas páginas e leia novamente a história, mas com os olhos de um detetive procurando pistas no comportamento de suspeitos: uma ação ou reação (física ou verbal), palavras ásperas, linguagem corporal, sarcasmo, discurso defensivo, discussão e irritabilidade. Observe a crescente pressão de algo que começou de maneira tão simples e quase se transformou em tragédia.

Marque com um lápis ou anote em um papel cada sinal de estresse ou reação à pressão. Agora se imagine fazendo a mesma coisa da próxima vez que enfrentar alguém que reage exageradamente a acontecimentos simples, como o policial da história. Vá fazendo anotações mentais nas margens das páginas de sua narrativa, tanto em relação às atitudes da pessoa quanto às suas. Observe como se sente e quais são suas reações diante de situações negativas.

Identificar o problema já é meio caminho andado. Você pode controlar a si mesmo e, com isso, acalmar as pessoas ao seu redor. No capítulo seguinte, apresentaremos mais técnicas para lidar com pessoas difíceis em situações de estresse.

SITUAÇÕES DIFÍCEIS

Mas se você acha que situações difíceis na vida são apenas aquelas que causam atrasos e inconvenientes, veja a história seguinte. Faz a anterior parecer um dia feliz.

VOVÔ E VOVÓ, OS GRANDES SUSPEITOS

Um casal de idosos vendedores de antiguidades foram parados na estrada entre Maryland e Delaware por carros do Exército. Os soldados chamaram agentes do FBI que os interrogaram, revistaram e detiveram durante várias horas somente porque seu veículo era parecido com o que eles procuravam: uma caminhonete branca com um dos lados amassado. Poderíamos até dizer que os agentes estavam um tanto agitados porque agiam sob pressão. Afinal, pessoas haviam sido mortas por atiradores na região. Mas ambos perceberam que havia um clima de tensão entre os policiais e tentaram permanecer calmos, apesar de estarem sendo tratados como criminosos. Seu comportamento acabou fazendo com que todos se acalmassem. Se tivessem confrontado os ofensores, as coisas teriam ficado ainda mais difíceis.

Temos de convir que até as pessoas mais calmas teriam dificuldade em se controlar diante de situações como esta. A lição, nesse caso, é: analisar as circunstâncias e tentar entender o que acontece é a chave para resolver muitos problemas.

CAPÍTULO 9

O ATENDENTE DA LOJA DE REVELAÇÃO DE FILMES
Como lidar com pessoas estrategicamente difíceis

HÁ UM MÉTODO EFICIENTE PARA DETERMINAR SE LIDAMOS COM UMA PESSOA estrategicamente difícil. É o que chamamos de "Lista de características de suspeitos estratégicos". Se responder "sim" a um ou mais dos itens seguintes, isso é sinal de que você está diante de um grande desafio.

1. A pessoa parece estar sempre "planejando algo". Não é paranóia. Siga sua intuição. Os instintos existem para nos proteger.
2. Ela sempre tenta convencê-lo (por persuasão ou por imposição) a seguir suas regras.
3. Pode vir a modificar (não abandonar de todo, mas ao menos suavizar) seu comportamento se você souber como lidar com ela (veja o próximo capítulo).

AS TÁTICAS DAS PESSOAS ESTRATEGICAMENTE DIFÍCEIS

Apresentamos uma lista das 20 principais táticas empregadas por pessoas estrategicamente difíceis. Trata-se de atitudes estudadas e calculadas. Após muita pesquisa e comparação (e dolorosa experiência própria), compilamos e classificamos todas para que você possa identificar e se preparar para lidar com elas. Pode haver variações no comportamento dessas pessoas, mas nada que se distancie muito de um padrão básico. Leia a lista seguinte e irá, com certeza, identificar métodos ou versões de métodos que alguém já utilizou para torturá-lo.

Você irá observar também que muitas dessas táticas não são exclusivas de tipos estrategicamente difíceis. Elas também são utilizadas com freqüência por pessoas simplesmente difíceis. Associamos a lista aos estrategicamente difíceis porque eles a utilizam de maneira calculada e analítica, mas todas as pessoas difíceis que insistem em dificultar nossa vida as utilizam, e muito bem. O importante é que você seja capaz de identificá-las adequadamente. Mais adiante apresentaremos uma ferramenta bastante útil para lidar com cada uma, independentemente do tipo de pessoa difícil com que venha a se deparar.

AS 20 TÁTICAS MAIS UTILIZADAS POR PESSOAS ESTRATEGICAMENTE (E TAMBÉM SOB PRESSÃO E SIMPLESMENTE) DIFÍCEIS

1. Falta de autoridade: Se uma decisão final é tomada (ou se chegou a um acordo), a pessoa afirma que não tem autoridade suficiente para acatar.
2. Tipo bonzinho/tipo maldoso: Duas pessoas estão juntas e querem fazer uma negociação ou um acordo com você. Uma delas age como se estivesse a seu favor e a outra contra, manipulando-o(a) o tempo todo.
3. Pegar ou largar: A clássica postura de "esta é minha oferta final".

4. Falsos prazos: A pessoa (ou o grupo) gera pressão não necessária, mas que parece real, para obrigá-lo a tomar uma decisão rápida que nem sempre é a melhor para você.
5. Passivo-agressivo: No meio da "negociação", a pessoa pára de argumentar e se fecha. É uma espécie de sabotagem. Por meio da inércia proposital ela pode levar você a aceitar os termos propostos ainda que não sejam de seu agrado.
6. Expressão de surpresa: Diante de sua oferta, a pessoa reage com uma expressão facial exagerada com a intenção de fazê-lo questionar o que acabou de dizer. É como se estivesse dizendo "você deve estar brincando" ou "dessa vez você passou dos limites".
7. Silêncio: A pessoa cria "espaços" propositais no diálogo, levando-o a falar mais do que o necessário para preencher os minutos de silêncio constrangedor, revelando mais informações do que desejava ou a se contradizer.
8. Desviar o assunto: A pessoa enfoca detalhes sem importância como se fossem os aspectos principais da questão para distrair sua atenção daquilo que é realmente importante.
9. Comportamento inadequado: O indivíduo apresenta, sem nenhum motivo aparente, comportamento estranho e inadequado para a situação para distraí-lo do assunto principal.
10. Detalhes: Vocês parecem ter chegado a um acordo. Mas na última hora ele (ou eles) resolve adicionar um pequeno detalhe à questão. E depois outro, e mais outro...
11. Local estratégico: Ele escolhe um local para a negociação que deixa você em desvantagem por ser desconfortável, muito longe, sem recursos etc.
12. Conspiração: Você está negociando com uma pessoa, mas de repente ela traz mais alguém. Agora são dois contra um e você se sente em desvantagem.

13. Informações surpresas: Quando você acha que tem todas as informações, a pessoa apresenta mais algumas, pegando você de surpresa.
14. Confie em mim: A pessoa tenta convencê-lo a fazer concessões prometendo compensá-lo no futuro.
15. Cortina de fumaça: Ofuscação proposital. A pessoa faz com que os fatos pareçam confusos para que você se perca ou que, ao falar novamente com ela, não tenha mais certeza de como está a situação.
16. Negação: Ela simplesmente nega ter concordado ou dito alguma coisa para poder negociar novamente e obter vantagens.
17. Blefe: A pessoa lhe diz algo que pode ou não ser verdade e você desconfia dela.
18. Mudanças em contrato: A outra parte faz modificações no rascunho do contrato que já foi estabelecido, normalmente adicionando informações com as quais você não havia concordado.
19. Mudança de idéia: A outra parte muda a proposta, repentina e propositadamente, para forçá-lo a aceitar suas condições na última hora.
20. Concessões monetárias: Sugestões ou pedidos da outra parte para que você: a) revele seu preço e/ou b) reduza-o de modo que ela possa convencê-lo de que você fez uma oferta.

Para que você possa identificar mais facilmente essas táticas quando estiver sendo vítima de um *bully*, e também o contexto de cada uma delas, desenvolvemos um desativador de táticas, que apresentamos no capítulo 12. Sugerimos que o consulte para conhecer melhor as características e as situações em que elas normalmente são utilizadas.

EXERCÍCIO: CONTRA-ATAQUE – AS CINCO MAIS TEMIDAS E AS CINCO MAIS FREQÜENTES

Este é um exercício simples para você se preparar para lidar com pessoas estrategicamente difíceis que resolvam utilizar algum tipo de estratégia para torturá-lo. Revise a lista anterior e identifique as cinco táticas mais freqüentes de que tem sido vítima. Em seguida, identifique as cinco que considera mais difíceis de enfrentar. Faça então uma lista das duas e observe-as. Pense em como você lida com as mais freqüentes e com as que mais teme. Que técnicas utiliza para contra-atacar? Costumam funcionar? Se pudesse agir com mais calma e mais tempo, que métodos utilizaria? O primeiro passo para se lidar com um *bully* é se colocar no lugar dele e imaginar o que ele faria.

Antes de discutir táticas de contra-ataque, é preciso aprender a identificar aquelas utilizadas pela pessoa difícil.

Veja a seguir mais uma história real de Mark, desta vez envolvendo uma atendente estrategicamente difícil que decide complicar a vida deste determinado rapaz. A história é contada em duas etapas. A parte 1 – "Qual parte do 'não' que eu disse você não entendeu?" – é uma ilustração gráfica de como um sujeito estrategicamente difícil pode se mostrar inflexível. Como terminou o confronto? É o que você irá descobrir na parte 2 – "Não infrinja as regras; siga-as". As duas partes mostram diversas das 20 táticas que apresentamos.

A ATENDENTE DA LOJA DE REVELAÇÃO DE FILMES – PARTE 1
QUAL PARTE DO "NÃO" QUE EU DISSE VOCÊ NÃO ENTENDEU?

Tenho há muito tempo um grupo de dez amigos que tem várias histórias para contar. Todos os anos nos reunimos para o que chamamos de "aventura de adrenalina". Já saltamos de pára-quedas, nadamos entre tubarões, fizemos *bungee jump, paintball* e topamos qualquer coisa que seja divertida e um tanto perigosa. A cada ano inventamos algo menos maduro para fazer. Mas para nós é um ritual muito especial e quase sagrado.

Um dia fomos todos convidados para uma festa e gostamos da idéia. Afinal seria uma oportunidade de rever toda a turma. Pouco tempo antes, eu havia revelado uma foto fantástica de nossa aventura mais recente. Pensei então em fazer cópias e dar a cada um na festa. Deixei-a no carro para não me esquecer mas, como tenho o péssimo hábito de deixar tudo para a última hora, só me lembrei na noite da festa.

No caminho vi uma loja de revelação rápida. "Nunca é tarde demais", pensei e estacionei na porta. "Se eles tiverem uma daquelas máquinas que copiam fotos instantaneamente está tudo resolvido. Algumas demoram mais de uma hora, mas se eu tiver sorte será uma daquelas que fazem em, no máximo, 15 minutos".

Com a foto em mãos entrei na loja e anunciei:

– Preciso de nove cópias desta foto. Quanto custa?

A atendente respondeu:

– São 90 dólares.

Balbuciei, sem acreditar:

– Isso é ridículo.

Ela apontou para uma tabela de preços afixada na parede: "Cópias de fotografias – 10 dólares cada". (Tática 1 – Falta de autoridade)

Depois, como se fosse uma professora de primário, fez o cálculo em voz alta:

– Nove vezes dez é igual a 90. Se quer as cópias, este é o preço. (Tática 3 – Pegar ou largar)

Eu queria muito aquelas cópias para meus amigos, mas o preço daquela demonstração de amizade estava muito alto. Tentei uma estratégia para que ela baixasse o valor e disse:

— Mas eu não teria um desconto? Afinal são nove cópias.
Ela não hesitou e nem sequer pensou por um instante.
— Não — foi a resposta simples e direta. (Tática 5 — Passivo-agressivo)
Não conseguia acreditar. Será que tinha perdido a batalha tão rápido?
Percebi que se tratava daquelas situações que nos irritam profundamente. Precisava identificar o tipo de indivíduo que tinha à minha frente para determinar como lidar com ele. Estava claro que a postura difícil da atendente era uma estratégia. Estava seguindo "ordens superiores" para manter seu emprego e a inflexibilidade era a arma para lidar com qualquer situação que surgisse. Em caso de dúvida siga as regras. O preço é 10 dólares. Dez cópias são 10 vezes 10 dólares. Alguma exceção? Não. Circunstâncias em que este preço possa variar? Não. Se eu estava certo e ela estava agindo de maneira estrategicamente difícil, era porque não tinha autoridade para negociar preços.
Mas só havia uma maneira de me certificar. Eu tinha de apresentar algumas opções e ver como ela reagiria. Disse então:
— E se eu lhe der 50 dólares pelas nove cópias...? — mal terminei a frase e ela disparou:
— Você tem algum problema? Já disse que o preço é 90 dólares! (Tática 6 — Expressão de surpresa)
Respondi então:
— Pense um pouco. Se eu não posso fazer as nove cópias por 50 dólares, vou ter de fazer só uma. O que você prefere? Uma venda de 10 ou uma venda de 50 dólares?
Mas ela se manteve irredutível:
— Não importa se vou vender muito ou pouco. (Novamente a Tática 3 — Pegar ou largar)
Tentei até sugerir que isso poderia ajudar em sua carreira:

— Amanhã você pode dizer a seu chefe que fez uma venda de 50 dólares. Não seria bom?

Ela não pareceu se interessar. Ficou ali parada, olhando para mim sem dizer uma palavra. Aquilo pareceu levar uma eternidade. (Tática 7 – Silêncio)

Como ela parecia uma estátua, acabei ficando sem graça e perguntei:

— Seu gerente está?

Ela respondeu:

— Não, não está. (Uma variação da Tática 2 – Tipo bonzinho/tipo maldoso)

Tudo bem. Ela parecia ter decorado algum tipo de "Manual geral das relações funcionário/cliente" (com respostas para todos os problemas possíveis). Fiquei imaginando o que o manual diria sobre o meu caso. Provavelmente seria algo do tipo "nº 116 C – Cliente considera o preço abusivo". Tive vontade de dizer a ela que resolvesse o problema usando as técnicas que aprendeu durante seu treinamento, tenha ele durado um mês, uma semana ou dez minutos.

Lancei então um desafio:

— Ouça, eu preciso de nove cópias desta foto. Noventa dólares é um preço alto demais para isso. O que você pode fazer para me ajudar?

A resposta veio em um segundo:

— Nada. A loja fecha em dez minutos e nem sei se dá tempo de fazer as cópias nesse tempo. (Uma variação da Tática 19 – Mudança de idéia)

Tentei ser criativo, lógico, simpático e até resmunguei, mas ela manteve a postura estrategicamente difícil. Parecia que nada iria funcionar. Já estava para desistir. Decidi que faria apenas uma cópia e a mostraria a meus amigos. Claro, eles iriam rir e dizer que eu era tão mesquinho que nem fiz uma cópia para cada um. Então lhe disse:

CAPÍTULO 9 | O ATENDENTE DA LOJA DE REVELAÇÃO DE FILMES

– Faça apenas uma cópia.

Ela disse *ok*, pegou a foto e já ia colocá-la na máquina, mas eu não agüentei e gritei "espere!" tão alto que ela levou um susto e me olhou, pálida...

Bem, esta foi a primeira parte. Mark estava diante de um exemplo clássico de pessoa estrategicamente difícil. O mais interessante é que, apesar do título aparentemente sofisticado ("estrategicamente difícil"), os indivíduos que se encaixam nessa categoria podem ser astutos, inteligentes e maquiavélicos ou simplesmente seguir de maneira rotineira e mecânica uma série de estratégias para dificultar a vida das pessoas. Podem criar suas próprias técnicas ou, como no caso da funcionária da loja, seguir cegamente as ordens de um chefe como um soldado cumprindo as ordens de um superior. E como todo bom soldado, preferem morrer a serem pegos desobedecendo a ordens... o que pode ser muito bom em uma guerra, mas não ajuda muito em situações do dia-a-dia. Na verdade, quanto mais arraigadas são as estratégias em suas mentes, mais difícil é fazê-las pensar por si próprias ou modificar seu comportamento. No caso de Mark, apesar de todo o seu treinamento e criatividade, ele nem sequer conseguiu um desconto. Usou todas as técnicas que conhecia sem resultado. E aí é que está o problema.

A ATENDENTE DA LOJA DE REVELAÇÃO DE FILMES – PARTE 2
NÃO INFRINJA AS REGRAS; SIGA-AS

Quando a atendente colocou a fotografia na máquina para fazer a cópia, percebi que ela só ocupava um terço da área da tela. Sugeri então:

– E se colocarmos três cópias da foto na tela da máquina e fizermos uma cópia única?

Recuperada do susto e irritada, ela respondeu:
— Não faz diferença, senhor. Cada cópia de uma foto custa 10 dólares. Cobramos por folha utilizada, não importa o que haja nela.

Adorei! Isso significava que se eu fizesse três cópias do original seriam 30 dólares. E se colocasse as três sobre a tela e fizesse mais uma cópia seriam 10 dólares. E mais uma vez, mais 10 dólares. Ou seja, seriam nove cópias por 50 dólares, como eu havia imaginado. Ela deu de ombros, sem responder. Provavelmente era sua maneira de dizer que havia concordado.

Foi então que percebi, enquanto esperava pelas cópias (nove por 50 dólares), que poderia ter passado a noite discutindo com aquela moça e utilizado todas as formas de persuasão racional ou mesmo irracional: jamais a faria dizer qualquer coisa que não fosse ordem de seus superiores ou que não fizesse parte de seu treinamento. Ela estava programada para lidar com todas as situações de maneira automática e sem pensar. "O preço é este. Não negociamos. O prazo é este. Você pode esperar ou voltar mais tarde. Este é nosso padrão de qualidade. Se não gostar, não precisa comprar. A garantia está especificada no manual do produto. Leia. Nosso horário é tal etc., etc.", sem nenhuma possibilidade de variação ou modificação.

"Segundo as regras" ela teria de me cobrar 10 dólares por folha de papel fotográfico. O cliente pode escolher se vai fazer as cópias ou não. Só consegui um preço melhor porque encontrei uma opção em suas próprias regras.

A história de Mark mostra, como sempre, que regras funcionam, por mais estranho que pareça. Normalmente não são muito abrangentes. Envolvem uma estratégia única e básica. Para descobrir opções criativas você deve reconhecer e trabalhar dentro do campo de ação da estratégia que a pessoa lhe apresenta. E claro, seria pouco provável que Mark encontrasse uma solução criativa para outro cliente ou mesmo para outra situação com aquela atendente.

Ela jamais pensaria "se eu prestar mais atenção às necessidades dos clientes e tentar satisfazê-las, ajudarei a loja a vender mais e poderei conseguir um aumento ou uma promoção". Sua única forma de ação era "seguir as regras" e repeti-las exaustivamente até que o cliente cedesse, desistisse e fosse embora ou, assim como Mark, encontrasse uma solução criativa para o problema.

CAPÍTULO 10

AQUELE MALDITO CHEFE
Como lidar com pessoas simplesmente difíceis

RESPIRE FUNDO E SE PREPARE

ESTE MUNDO É POVOADO DE PESSOAS DIFÍCEIS. HÁ AQUELAS DIFÍCEIS EM situação de estresse, as estrategicamente difíceis e as difíceis (simplesmente difíceis). E o termo "simplesmente" não se refere a palavras como "claramente", ou mesmo "facilmente", muito ao contrário. É um sinônimo para "totalmente", "absolutamente" e "sem exceção". Ou seja, quando dizemos "simplesmente difícil" estamos nos referindo ao pior tipo de *bully* que existe. Se você duvida, veja a seguir os níveis que classificamos como "4 Opas". Usamos o termo porque descreve exatamente o que as pessoas pensam quando encontram indivíduos desse tipo: "Opa! Este vai dar trabalho":

> **Opa nº 1:** Irracionalidade como forma de arte. Pessoas deste tipo costumam adotar um comportamento irracional. Deixam claro aquilo que querem, mas não seus motivos. Exigem mas não explicam. Recusam-se a fazer concessões. Parecem sempre determinados a criar resultados em que todos podem sair perdendo.

> **Opa nº 2:** Difícil, faça sol ou chuva. São pessoas difíceis independentemente da situação, estejam bem ou mal, em

vantagem ou desvantagem, em seu território ou em território alheio.

Opa nº 3: Sem cura. Não cedem a tentativas de diminuir a tensão do confronto. Técnicas para acalmar não funcionam com eles. Argumentos racionais não surtem efeito. Desprezo ou indiferença não afetam sua negatividade. Seu prazer está em fazer aumentar constantemente a tensão.

Opa nº 4: Famosos (mas não no bom sentido). Têm sempre reputação de difíceis. Qualquer pessoa que os conhece pode confirmar. São legiões de vítimas e ninguém gosta deles.

EXERCÍCIO: O DETECTOR DE CARACTERÍSTICAS DE INDIVÍDUOS SIMPLESMENTE DIFÍCEIS
COMO DISTINGUI-LOS DAS IMITAÇÕES

A maioria dos pesadelos não passa de um sonho ruim. Parecem reais enquanto se está neles, mas ao acordar percebe-se que não eram tão ruins assim. O mesmo vale para a maioria das pessoas difíceis. Com o passar do tempo percebemos que não são tão cruéis. Portanto, muito cuidado ao classificar alguém. Uma pessoa difícil sob situações de tensão pode parecer maluca, mas volta a ser normal e razoável quando tudo se resolve. E alguém que seja estrategicamente difícil pode parecer um verdadeiro tirano até que se entenda e descubra quais são suas estratégias, quando então se podem contorná-las facilmente.

Antes de concluir que alguém é uma pessoa difícil, certifique-se de que não está apenas vivendo um "pesadelo" e se deixando levar pela ilusão de que jamais irá se livrar dele. Para determinar se seu oponente é difícil mesmo, use as técnicas seguintes, que funcionam como um verdadeiro detector:

- Gritar: E não apenas durante uma discussão, enquanto se tenta repreender alguém.
- Escárnio: Despreza e desdenha as pessoas, colocando-as muitas vezes em situação embaraçosa.
- Antipatia: Jamais demonstra ter um lado emotivo ou vulnerável e não revela empatia por quem quer que seja. Importa-se apenas consigo mesmo.
- Egoísmo: Enaltece e reconhece apenas a si mesmo.
- Falta de foco: Salta de um assunto para o outro, sem terminar ou resolver nenhum.
- Ameaças: Intimida a todos sem se preocupar com as conseqüências, mesmo que acabe se prejudicando. Sua ânsia de destruição é maior que seu medo de perder.
- Comportamento típico dos *bullies*: Agressão verbal, provocações e demonstração de poder.
- Hipocrisia: Mentir não é errado; é apenas um procedimento padrão. Verdade e mentira são apenas ferramentas.
- Amnésia conveniente: Não se lembra de promessas ou de obrigações, nem de acordos que não lhe tragam vantagens.

Se detectar uma ou mais destas características e:

- se a pessoa mantém esse comportamento durante muito tempo, mesmo que as circunstâncias melhorem (tipo difícil sob situações de estresse);
- se parece usar de algumas delas como estratégia proposital (estrategicamente difícil);
- se segue essa linha de comportamento sem nenhuma razão aparente e de maneira determinada até conseguir o que deseja.

E, principalmente, se insiste em agir com crueldade... você está realmente diante de alguém simplesmente difícil.

DITADORES SÁDICOS NÃO ESTÃO APENAS NO CONTROLE DAS NAÇÕES. ALGUNS OCUPAM CARGOS EM EMPRESAS.

Apresentamos a seguir uma história que envolve a Ron, Mark e também uma mulher que resolveu ajudá-los a combater um chefe despótico e sem moral. Para facilitar, resolvemos dividi-la também em duas partes. Na primeira (Aquele maldito chefe, parte 1 – Um preço alto a se pagar), você irá conhecer um chefe simplesmente muito difícil e a maneira como trata sua vítima e como ela se sente diante de tanta pressão. E na segunda (Aquele maldito chefe, parte 2 – É mesmo?) como ela enfrentou o problema. Observe como os "Opas" surgem ao longo de toda a história.

AQUELE MALDITO CHEFE – PARTE 1
UM PREÇO ALTO A PAGAR

Esta história não envolve pessoas famosas, ricas ou influentes. É a história de uma mulher que trabalhava para um chefe implacável (a quem chamaremos Ivan. Lembra alguma coisa?) Creio que todos já tivemos chefes difíceis, mas nem tanto assim.

A mulher da história (a quem iremos chamar Virgínia) já conhecia nossos métodos para lidar com pessoas difíceis. Quando nos apresentamos, ela disse:

– Gosto muito das técnicas N.I.C.E. Funcionam muito bem em quase todo tipo de situação...

O problema parecia ser aquele "quase". Durante nossa conversa seu nível de ansiedade foi aumentando.

— Mas meu problema é muito sério.

Seus olhos foram ficando vermelhos e sua voz começou a oscilar.

— Meu chefe é um pesadelo em minha vida. Transforma tudo em um verdadeiro inferno!

Em poucos minutos sua fisionomia se transformou. No início parecia extremamente calma, mas quando tocou no assunto pareceu muito abalada.

Pedimos a ela que nos contasse toda a história. Tentou se recompor.

— Por mais que eu me esforce, tente fazer o melhor e seja paciente, ele nunca está satisfeito.

Parou um instante para recuperar o fôlego. Percebia-se claramente quanto a situação a incomodava. Começou a descrever toda a agressão que sofria. Toda vez que Ivan se atrasava ou perdia um vôo quase a matava por não tê-lo feito sair mais cedo do escritório. Se um cliente marcava uma reunião e não aparecia, a culpada era ela por não organizar direito sua agenda. Se perdia uma concorrência, fazia um escândalo e gritava a plenos pulmões que ela não tinha redigido um bom contrato. Cada vez que se atrasava dava murros na mesa e reclamava que ela não era organizada e marcava os compromissos dele muito próximos uns dos outros. Se esquecia de retornar uma ligação, jurava que ela não havia lhe dado o recado. Estava sempre mal-humorado, xingando e resmungando. Chegava a atirar objetos nela. E ameaçava o tempo todo demiti-la (Opa nº 1 – Irracionalidade como forma de arte).

Mas a questão era: por que ela agüentava aquilo tudo? Infelizmente a resposta é óbvia: precisava do emprego. O salário era excelente e dificilmente ela encontraria outro emprego que lhe oferecesse os mesmos benefícios. Mas Ivan sabia disso. Estabeleceu-se então uma espécie de pacto. Ela aceitava receber aquele tipo de tratamento e ele achava que tinha o direito de agredi-la porque lhe pagava bem.

A história de Virgínia me lembra o caso dos executivos que trabalhavam para o famigerado barão dos bancos, J. P. Morgan (que não era muito diferente de muitos outros pelo mundo afora). Morgan era um verdadeiro tirano. Explorava abertamente seus funcionários, executivos de alto nível. Era conhecido por jamais fazer elogios e por escrachar publicamente a quem quer que fosse. Mas os salários em sua empresa eram generosos. Quando perguntamos a um de seus funcionários por que continuava a trabalhar sob tais condições, a resposta foi "meu salário é tão bom que tenho até uma limusine".

E da mesma maneira que ele, Virgínia se dizia presa ao emprego pelo salário que recebia. Era realmente uma situação difícil de resolver. Mas nos sentamos com ela para traçar um plano de ação.

Ela já tinha feito um bom trabalho neutralizando suas emoções. Apesar de demonstrar que estava abalada, manteve o tempo todo o raciocínio lógico. E no ambiente de trabalho jamais se deixava dominar pelo desespero, mesmo sob as condições mais adversas. Começamos pelo processo de identificação. Ele poderia ser do tipo difícil em situações de estresse. Virgínia explicou que sempre esperava as crises passarem e se oferecia para ajudar até que tudo melhorasse. No entanto, ele recusava hostilmente qualquer tipo de ajuda e a agredia toda vez que ela tentava. Então, quando ela achava que as coisas iam se acalmar lá vinha outra tempestade, e depois outra e mais outra. Ele parecia viver eternamente em situações negativas (Opa n$^{\circ}$ 2 – Difícil, faça sol ou chuva). Não parecia mesmo se tratar de alguém que se irritasse somente porque teve um "dia ruim".

Consideramos então a possibilidade de ele ser estrategicamente difícil. Analisamos as táticas que utilizava e como ela respondia a cada uma delas. Por sorte ela já tinha feito essa parte. Havia identificado as estratégias usadas pelo chefe e tentava contorná-las. Mas ele não parecia mudar ou aprender nunca. Cada vez que ela tentava contornar uma situação, ele simplesmente mudava de rumo (Opa n$^{\circ}$ 3 – Sem cura).

Um comportamento deste tipo, que não se modifica mesmo quando as pessoas percebem que se trata de uma estratégia, é normalmente sinal de uma personalidade ainda pior: a de um ser humano simplesmente difícil.

Reunindo todas as características, percebemos que havia ali um perfil quase perfeito de um indivíduo simplesmente difícil. Chegamos enfim ao teste final. Ele tinha "reputação" de um sujeito difícil? Não se importava em prejudicar a si mesmo desde que fosse para fazer as pessoas sofrer? A resposta dela foi "sim" para as duas perguntas. Ivan agredia e explorava não apenas a ela, mas a todos os que trabalhavam no escritório. Até mesmo os clientes eram maltratados. Chegou a demitir seu melhor vendedor (comprometendo boa parte das vendas da empresa) porque achou que ele estava "colocando as manguinhas de fora". Mesmo prejudicando a empresa (e até a si mesmo) quis "dar uma lição" no rapaz. Realmente, estávamos diante de um clássico tipo simplesmente difícil; um verdadeiro *bully*, ou seja, o Opa nº 4 – Famoso (mas não no bom sentido).

O chefe desta história é um exemplo clássico. Sua foto poderia figurar nos dicionários junto à definição de "pessoas simplesmente difíceis". Ele apresenta não apenas uma, mas as quatro características principais deste tipo de indivíduo. Observe os trechos da história que selecionamos. São evidências irrefutáveis de seu perfil.

1. "Por mais que eu me esforce, tente fazer o melhor e seja paciente, ele nunca está satisfeito". Descrição de um indivíduo que não responde a tentativas de conciliação.
2. "Toda vez que Ivan se atrasava ou perdia um vôo quase a matava por não tê-lo feito sair mais cedo do escritório. Se um cliente marcava uma reunião e não aparecia, a culpada era ela por não organizar direito sua agenda. Se perdia uma concorrência, fazia um escândalo e gritava a plenos pulmões

que ela não tinha redigido um bom contrato. Cada vez que se atrasava, dava murros na mesa e reclamava que ela não era organizada e marcava os compromissos dele muito próximos uns dos outros. Se esquecia de retornar uma ligação, jurava que ela não havia lhe dado o recado. Estava sempre mal-humorado, xingando e resmungando. Chegava a atirar objetos nela. E ameaçava o tempo todo demiti-la."
São vários exemplos de comportamento irracional.

3. "(...) ele recusava hostilmente qualquer tipo de ajuda e a agredia toda vez que ela tentava. (...) Então, quando ela achava que as coisas iam se acalmar, lá vinha outra tempestade, e depois outra e mais outra..."
Ele poderia ser do tipo difícil em situações de estresse. Virgínia explicou que sempre esperava as crises passarem e se oferecia para ajudar até que tudo melhorasse. Mas ele recusava hostilmente qualquer tipo de ajuda e a agredia toda vez que ela tentava ajudá-lo.
Mais evidências de alguém com personalidade difícil em todos os momentos, independentemente da situação.

4. Ivan agredia e explorava não apenas a ela, mas a todos os que trabalhavam no escritório. Até mesmo os clientes eram maltratados.
Confirmação de sua reputação de pessoa difícil.

Uma vez terminada a identificação, por mais problemática que fosse a situação, ao menos agora ela sabia exatamente com quem estava lidando. Poderíamos ter chegado à conclusão de que não havia mais o que fazer, que ela deveria aceitar o fato e simplesmente sair de cena. Mas achamos que ainda valia a pena fazer mais uma tentativa. Ensinamos a ela uma técnica que poderia (veja bem, poderia) funcionar com Ivan, o Terrível. Foi um curso intensivo de algo a que chamamos "equilíbrio de poder", que explicaremos com detalhes mais adiante. Mas primeiro vamos ao final da história de horror.

AQUELE MALDITO CHEFE – PARTE 2
É MESMO?

O que ela podia fazer? Perguntamos a ela:
– Já tentou fazer algo para "equilibrar o poder" entre vocês?

Ela jamais havia imaginado que tinha alguma forma de poder, quanto mais para afrontar seu chefe.

– Como posso equilibrar nossos poderes? Ele é meu chefe. Trabalho para ele. Aliás, ele me fica me lembrando isso o tempo todo. Sou uma simples assistente, sem qualquer poder ou autoridade – ela respondeu.

Explicamos então que pessoas simplesmente difíceis são os verdadeiros *bullies* porque acreditam (e muitas vezes nos fazem acreditar) que têm poder para fazer o que bem desejarem.

Na verdade as pessoas só têm o poder que damos a elas. E todos temos certa dose de poder também. No caso de Virgínia, que poderes ela tinha? Cabia a nós descobrir, fazê-la perceber quais eram e ensiná-la a utilizá-los da melhor maneira.

A primeira coisa que tentamos lhe mostrar foi o fato de que se ela continuasse a pensar que não tinha outra opção a não ser trabalhar para Ivan, daria a ele cada vez mais poder. Por outro lado, se estivesse aberta para a possibilidade de encontrar alternativas de emprego resgataria sua autoconfiança e, por conseguinte, seu poder.

Nosso primeiro passo foi fazer com que ela pesquisasse outras formas de carreira e empregos em todas as áreas que achasse interessantes e vantajosas. Após algum tempo, ela retornou com um relatório que não nos surpreendeu. Com todas as habilidades que possuía encontrou, com facilidade, diversas opções. Mas nenhuma delas lhe oferecia o mesmo salário. Chegou a confessar que muitas vagas que tinha visto pareceram tentadoras, mas que não tinha como aceitar um salário bem mais baixo. Pressionamos um pouco para ver até que ponto isso era verdade, perguntando-lhe:

– Esses dólares a mais valem todo o sofrimento?

A intenção era fazê-la pensar, de maneira fria e racional quanto sofrimento o dinheiro consegue comprar. Então, forçada a avaliar a situação sob um ângulo diferente, ela respondeu:

– Não, não valem. Talvez fosse melhor ganhar menos, porém ser mais feliz.

O fato de chegar a esta conclusão já a ajudou a recuperar parte de seu poder pessoal. Ela começou a reavaliar suas prioridades: contas, despesas, necessidades e artigos supérfluos e encontrou maneiras de acomodar seu orçamento a uma renda menor. Esse foi o passo mais importante. Agora ela tinha opções.

Claro, só isso não seria suficiente para que recuperasse totalmente a autoconfiança. Fizemos também com que ela avaliasse friamente seu valor na empresa, fazendo a seguinte pergunta:

– O que aconteceria se você saísse?

Ela tentou imaginar a cena e, de repente, desatou a rir. Lembrou-se das histórias que ouvia dos colegas sobre as secretárias que trabalharam antes dela. Ninguém permanecia no cargo mais de seis meses. Virgínia era considerada uma heroína por ter sobrevivido seis anos.

– Mas o que acontecia com ele cada vez que elas deixavam a empresa? – perguntamos.

– Pelo que dizem, aquilo se transformava em um verdadeiro caos. Os assistentes de Ivan tinham de organizar sua agenda, atender o telefone, organizar suas viagens, comprar passagens, fazer reserva em hotéis e cuidar até de seus assuntos pessoais e de família como cartões de aniversário, presentes e tudo o mais. Sem assessoria, Ivan não era capaz de viver. Não cumpria seus compromissos, deixava de retornar ligações importantes, perdia vôos, jantares, esquecia-se do aniversário dos próprios filhos e tornava-se cada vez mais insuportável. Sei bem como é porque quem organiza tudo em sua vida profissional e particular sou eu.

– Então, o que aconteceria se você não estivesse lá? – perguntamos.

Seus olhos brilharam como se tivesse acabado de descobrir um grande segredo. Sem ela, a vida de Ivan seria um caos novamente, cheia de pesadelos e desastres. Dissemos então, sorrindo:

– Virgínia, você tem muito poder.

Ela jamais havia pensado nisso. Via a situação apenas sob o ponto de vista de chefe-assistente, Ivan-Virgínia, Imperador-serviçal; sempre nessa ordem. Assim, Ivan tinha todas as cartas do jogo. Mas quando lhe mostramos que ela tinha alternativa (o poder de deixá-lo a qualquer momento que desejasse), ela percebeu que era capaz de enfrentá-lo e resolver a situação.

O passo seguinte seria uma conversa cara-a-cara. Mesmo com toda a confiança que havia adquirido, porém, a simples possibilidade de um confronto a assustava. Virgínia nos contou depois que entrou no escritório no dia seguinte com olhar vitorioso mas que, por dentro, estava morrendo de medo. Isso é normal. Afinal, estava tentando recuperar o poder que lhe havia sido tirado fazia anos.

Decidiu continuar normalmente com a rotina de trabalho até que ele tivesse um de seus ataques. Como era previsto, não demorou muito.

– Onde estão os relatórios de despesa? Você sumiu com eles? Não vá me dizer que os perdeu! – disse Ivan.– Deixei-os sobre sua mesa logo de manhã.

– Mas não estão aqui. Você deve tê-los jogado fora com essa sua mania de limpeza.

— Limpei sua mesa, sim, e depois coloquei os relatórios sobre ela – falou Virgínia.
— Mas eles sumiram! Vamos lá, admita que foi você. Agora terá de fazer tudo de novo desde o mês passado.
— Estão embaixo de sua pasta.
— Quem colocou essa pasta aí? Eu é que não coloquei.
— Não sei. É a sua pasta, Ivan.
— Nem pense em colocar a culpa em mim!

Virgínia não agüentou mais. Olhou para ele bem nos olhos e disse:

— Chega! Você não vai mais me tratar desse jeito!

Tremia por dentro, mas deve ter demonstrado segurança porque ele ficou sem ação. Ela jamais o havia enfrentado. E completou:

— Comecei a procurar outro emprego e já vi que tenho diversas possibilidades. Posso não receber um salário como o que você me paga, mas decidi que minha dignidade e felicidade são mais importantes do que dinheiro. Portanto, a menos que você mude seu comportamento, vou deixar este escritório hoje mesmo.

Foi a primeira vez que ele a ouviu em silêncio. Então ela continuou:

— Chega de gritar comigo, de me ofender. Não vou mais ser humilhada na frente dos funcionários. Mereço e exijo respeito.

Ivan foi recuperando, aos poucos, o autocontrole e a voz. Tentando não demonstrar que estava transtornado, resmungou:

— Como você ousa falar comigo assim? Deixe de ser ridícula. Volte já para sua mesa e continue seu trabalho.

Ela simplesmente se virou e caminhou em direção à porta. Ele a chamou:

— Aonde você vai?

Ela respondeu:

– Já deixei bem claro quais são meus termos. Se você não concorda, estou indo embora. Boa sorte.

Ivan saltou da cadeira e correu em direção a ela, e colocou-se na frente da porta, dizendo:

– Não posso deixá-la ir.

Sem se abalar, ela replicou:

– Então comece a me tratar com respeito e com a dignidade profissional que mereço.

Ele olhou bem para ela, engoliu em seco e disse:

– Peço desculpas. (Virgínia nos contou, depois, que jamais imaginaria ouvir aquelas palavras vindo dele para qualquer pessoa que fosse, principalmente para ela).

E continuou Ivan:

– Sei que sou mesmo uma pessoa difícil de lidar. Vou tentar melhorar.

Naquele momento sua autoconfiança chegou ao ápice. Mas ela não aceitou, simplesmente, o que ele dizia. Olhou em seus olhos e disse:

– Não adianta tentar. Terá de melhorar mesmo, caso contrário pedirei demissão... e serei muito feliz em outro lugar.

Quando voltou ao nosso escritório, algumas semanas depois, Virgínia nos contou tudo sobre seu "novo" chefe; um homem menos difícil, mais racional e que, finalmente, tinha aprendido a respeitá-la. Cumprira o que prometera. Claro, ainda tinha seus momentos de ira, mas se controlava antes de xingar. Chegava a abrir a boca, franzir a sobrancelha e seu rosto ficava vermelho, mas conseguia se conter. Não era perfeito, mas havia melhorado muito.

Quase um mês já havia passado e ele ainda se mantinha controlado. Acreditava mesmo que ela deixaria o emprego. Agora era muito claro o equilíbrio de poder, que antes estava somente nas mãos dele. Mas Ivan sabia que tinha muito a perder caso ela fosse embora.

Por isso estava fazendo todo o possível para passar de um sujeito "simplesmente difícil" a um meramente difícil.

Já faz quase sete anos que ela trabalha para ele, um verdadeiro recorde. Os outros funcionários continuam recebendo o mesmo tratamento agressivo. Ainda não se deram conta do poder que têm nas mãos. Ainda...

Por mais desequilibrada que pareça a distribuição de poder ou por mais poderoso que seu oponente possa parecer, lembre-se: você tem mais força do que imagina. É apenas uma questão de descobrir seus pontos fortes e os pontos vulneráveis dele, mais ou menos como a piada da mulher que vai ao dentista para fazer um tratamento de canal. Quando ele se aproxima com o motorzinho na mão, ela o agarra pela parte mais delicada de sua anatomia. Ele quase perde o fôlego e ela diz:

– Doutor, nenhum de nós vai sentir dor, certo?

Isso é equilíbrio de poder.

Bem, agora você já conhece os três tipos de animal do reino da espécie difícil e sabe como identificá-los em seu hábitat (ou pelo menos fazer uma lista dos mais suspeitos). Só resta aprender como fazê-los se comportar melhor. E não se trata de tarefa impossível: veja como domar uma pessoa realmente difícil.

PARTE QUATRO

C – PREPARE-SE PARA O CONFRONTO: TENHA CONTROLE SOBRE OS RESULTADOS

Capítulo 11
TRATAMENTO DE PRIMEIRA LINHA
Como administrar um confronto com pessoas que se tornam difíceis em situações de estresse

JÁ PERCEBI COM QUE TIPO DE PESSOA ESTOU LIDANDO. E AGORA?

Agora que você sabe que tipo de problema está enfrentando, o que fazer? Não se pode simplesmente dizer: "Ei, você está se tornando difícil porque está sob estresse. Pare com isso". Ou: "Eu conheço seu tipo. Você é uma pessoa simplesmente difícil. Sua estratégia não vai funcionar comigo". A vida real não é como nos filmes em que alguém diz ao tirano algumas verdades e, ao som de uma música melancólica e crescente, ele tem um momento de epifania e pensa: "Puxa, fiz muitas coisas erradas. Está na hora de mudar". Isso não acontece em nossa realidade, pelo menos não no mundo dos negócios.

NEM TODOS SÃO IGUAIS

É muito comum encontrarmos pessoas obtusas, implacáveis e que, apesar de toda a cultura e informação que o mundo oferece, recusam-se a mudar. Insistem em colocar todos os que convivem com elas em situações constrangedoras, complicadas e sem saída. Com isso ninguém cresce e o progresso se torna impossível. As vítimas desses *bullies* vivem em uma eterna "experiência de tentativa". Sim, pois passam o tempo todo tentando (sem sucesso) utilizar os mesmos métodos que normalmente funcionariam com pessoas sensatas que buscam encontrar soluções em vez de perder tempo bancando o tipo difícil.

COMO TRABALHAR COM OS FATORES QUE INFLUENCIAM, MODIFICAM E DETERMINAM OS RESULTADOS

Já discutimos o conceito de "neutralizar as emoções" na hora de lidar com pessoas difíceis. Isso nos permite observar os fatos sob um ponto de vista racional, sem reações emocionais que possam criar ainda mais obstáculos. Mas apenas isso não é suficiente. Para que se possam obter resultados concretos, ao lidar com pessoas difíceis, apresentaremos agora técnicas que ajudam a controlar o confronto, influenciar e até mesmo determinar o comportamento do oponente. Podemos aprender a controlar nossas emoções, mas isso não significa que neutralizamos as emoções dele também.

Dos três tipos difíceis, somente os que se tornam difíceis em situações de estresse costumam ter as emoções à flor da pele. Nesses casos é preciso aprender a neutralizar as emoções deles também para obter resultados. Não conseguem pensar ou agir de maneira equilibrada enquanto a situação não melhora (ou não se tornam conscientes dela) e seus ânimos finalmente se acalmam. Só então se pode iniciar o processo de controlar o confronto para obter o resultado desejado.

Já, no caso dos estrategicamente ou simplesmente difíceis, tentar neutralizar as emoções deles não tem nenhum efeito ou impacto sobre o confronto ou mesmo sobre o resultado. Sim, são pessoas que agem de maneira emocional. Podem gritar, parecer malucos e agir como verdadeiros tiranos. Mas não adianta tentar neutralizar suas emoções. Há muito mais do que isso por trás de seu comportamento. Fazer com que uma pessoa estrategicamente difícil se acalme não faz com que ela deixe de lado sua estratégia nem suas exigências absurdas porque se trata, na verdade, de um plano bem elaborado que ela considera muito eficiente. O que se deve fazer é demonstrar claramente que suas "táticas" já não funcionam mais. Assim pode-se inverter o jogo. Em outras palavras, é preciso controlar o confronto ou a situação para modificar seu comportamento e/ou atingir o resultado desejado.

Um lembrete importante: não se iluda (e permita-se ser explorado) achando que uma pessoa simplesmente difícil irá permitir que alguém manipule, influencie ou mesmo abrande suas emoções. Pessoas assim não agem motivadas pelas emoções; elas são verdadeiros animais emocionais. Emoções são a base de seu ser. Estão sempre ávidas por algo, fora de controle e prontas para atacar. Por mais que se tente, não se pode esperar que alguém que age sempre assim, de maneira irracional, destrutiva e agressiva de repente se torne racional, construtivo e passe a cooperar. Isso só acontece quando alguém demonstra ter tanto ou mais poder do que elas ou ameaça desistir de um acordo ou parceria não-lucrativa. É preciso sempre controlar o confronto, mostrar que seus métodos não funcionam ou que você pode vir a tomar outras providências e alterar o resultado da negociação.

Há técnicas específicas para se controlar um confronto e que funcionam muito bem com os tipos que se tornam difíceis em situações de estresse e também para os estrategicamente difíceis. Basta fazer alguns ajustes, dependendo da reação do oponente, para torná-las ainda mais eficientes.

Claro, primeiro é necessário determinar o tipo de pessoa difícil com que se está lidando, depois selecionar a forma mais eficaz de agir e por fim adaptar as técnicas ao indivíduo e à situação. Lembre-se sempre de que, antes de chegar a qualquer resultado, é preciso controlar o confronto estudando as estratégias e o comportamento da pessoa, enviando-lhe mensagens claras sobre o que funciona ou não com você, demonstrando equilíbrio de poder e moldando as ações. A partir do momento em que se controla o confronto, tudo começa a funcionar melhor, mas nada acontece enquanto isso não é feito.

Ao se deparar com uma pessoa que se torna difícil em situações de estresse, você:

- Explica racionalmente seu ponto de vista?

  ou

- Enfrenta-a cara a cara, emoção a emoção?

  ou

- Propõe soluções de maneira analítica e ignora suas emoções?

  ou

- Diz a ela que suas emoções e reações não são apropriadas?

  ou

- Simplesmente se afasta e se recusa a interagir com ela?

(A melhor resposta, normalmente, é "nenhuma das anteriores")
Por que reagir diretamente nem sempre funciona?

Cada tipo de reação, seja ela direta seja indireta, pode falhar por uma série de razões. Veja os motivos mais comuns:

Respostas racionais: são totalmente ignoradas e não fazem o menor sentido para quem está agindo de maneira irracional. Pessoas irracionais não seguem um padrão linear de pensamento.

Respostas emocionais: contrapor emoção com emoção normalmente só faz agravar os problemas ao invés de resolvê-los. Agressão gera mais agressão.

Tentar ignorar as emoções: ignorar emoções é como fazer de conta que não se está vendo um elefante que esteja bem à sua frente. Pode-se até tentar, mas elas continuam presentes e ativas.

Respostas pedantes: dizer a uma pessoa que ela não está tendo emoções apropriadas só faz acirrar a discussão. Ninguém aceita ouvir coisas do tipo "pare de agir como um louco".

Rejeição: afastar-se e se recusar a interagir com alguém nem sempre é possível e pode simplesmente adiar a solução. Afinal, é pura rejeição.

Ao lidar com pessoas que se tornam difíceis em situações de estresse tente ir diretamente à origem do problema (e às circunstâncias que ocasionaram a reação emocional) em vez de utilizar respostas ou reações como as descritas acima. Reconhecer a necessidade de expressar as emoções geradas é o primeiro passo para que se possa controlar um confronto. E descobrir a causa delas permite controlá-las melhor e atingir os objetivos desejados.

A ENGRENAGEM DAS EMOÇÕES

Como já mencionamos, pessoas que se tornam difíceis em situações de estresse são geralmente indivíduos normais que se tornam difíceis quando estão sob estresse, pressão ou situações que causam impacto negativo. Não se tornam *bullies* da noite para o dia (embora possam causar essa impressão). Trata-se de um processo progressivo.

Os acontecimentos vão forçando as engrenagens de suas emoções até que todo o sistema parece fugir ao controle.

Imagine as engrenagens de um veículo e o que ocorre com a aceleração e as mudanças de marcha para ter uma idéia de como funciona o comportamento humano.

Ponto neutro: a pessoa está calma e (ainda) não se envolveu em uma situação que pode torná-la desagradável.

Primeira marcha: uma situação (circunstância, mudança de condições, desafio, notícia etc.) se apresenta e causa nela irritação, ansiedade, nervosismo ou tensão.

Terceira marcha: a situação começa a se agravar (na realidade ou apenas na mente da pessoa, e em nível emocional). A tensão se transforma em mau humor, a ansiedade em raiva e a irritação em fúria.

Quinta marcha: quando a pessoa chega a esse nível podem-se esperar reações irracionais, acessos de raiva e um padrão totalmente ilógico de comportamento. Nesses momentos, o melhor é finalizar ou adiar a interação.

Mas o que houve com a segunda e a quarta marchas?

Assim como os pilotos da Nascar[1] fazem durante as provas, alguém que esteja em um nível emocional muito acelerado pode pular algumas marchas ou estágios de irritação. Em vez de reconhecer a ansiedade da primeira marcha e seguir seu curso normalmente até

---

1. Associação automobilística americana com sede em Daytona Beach (*National Association for Stock Car Auto Racing*). (Nota do Editor)

o momento de engatar a segunda, pessoas que se tornam difíceis em situações de estresse permitem que suas emoções atinjam diretamente o nível da terceira, ou seja, acabam tendo reações exageradas. Uma vez nesse estado de raiva e descontrole, em vez de passar para a quarta marcha vão direto para a quinta, causando muitas vezes problemas e até acidentes (ao observar uma pessoa desse tipo pode-se quase sentir a vibração do motor).

E, mantendo a analogia automotiva, veja a história seguinte em que o principal personagem é você e que ilustra o avanço emocional descontrolado que pode transformar uma situação absolutamente normal em uma verdadeira catástrofe.

ADIVINHE QUEM ENCONTREI NO *SHOPPING*

Você está saindo de um *shopping center* cheio de sacolas, vai para o estacionamento e coloca todas no porta-malas de seu carro. Engata a marcha à ré e, quando está saindo da vaga, bate em uma daquelas enormes caminhonetes. *Bam*! Lá se vão o pára-choques e a lanterna traseira do seu carro.

Você tinha certeza de que não havia outro carro vindo quando olhou pelo retrovisor. A caminhonete deve ter entrado muito rápido, pois surgiu do nada atrás de você. Mesmo não tendo certeza de que a culpa foi sua, prepara-se para sair do carro e pedir desculpas, apresentar os documentos do seguro, trocar telefones com a pessoa e, se necessário, assumir a responsabilidade pelo acidente. Abre a porta e, enquanto está saindo, o outro motorista desce enfurecido, com as faces vermelhas e pronto para uma guerra, gritando:

– Seu idiota! Não olha para trás antes de sair?!

Pedir desculpas? Esqueça. Você se recusa a pedir desculpas a um maluco desses. Além do mais, nem estava errado. Olhou pelo espelho antes de sair. Ele é que entrou no estacionamento como se estivesse competindo em uma pista de corrida. Ele é quem deve pedir desculpas e pagar pelo estrago! Merecia até ser processado e perder a carta de habilitação. Nem deveria estar dirigindo!

Viu como se pode ir da primeira à quinta marcha em poucos segundos?

É algo que pode acontecer a qualquer pessoa e em qualquer lugar. Tudo está bem e, de repente, em menos de um minuto, alguém passa de zero a 100 quilômetros por hora. É um estado normalmente contagioso. Uma pessoa se zanga e, automaticamente, a outra se irrita também. Pode acontecer em um estacionamento, em um escritório, em casa, em uma reunião, durante um jantar, uma conferência de vendas, quando se lembra um filho de que está na hora de ir dormir, em meio a uma negociação ou venda, na hora de cortar o bolo durante uma festa, de dividir as contas no final do mês ou de dividir as tarefas domésticas. Qualquer tipo de confronto pode levar à agressividade. O que fazer?

O primeiro passo é jamais tentar resolver os problemas em terceira marcha, muito menos em quinta. E tentar fazer com que uma pessoa que se torna difícil em situações de estresse passe da quinta para a primeira só faz destruir a transmissão. É preciso reduzir gradualmente para que seu comportamento volte ao ponto neutro. Somente então é possível pensar em outras possibilidades (o que veremos adiante) e em soluções.

OBJETIVOS EM COMUM – MÉTODOS RADICALMENTE DIFERENTES

Veja as observações seguintes, baseadas em nossas experiências na área de serviços financeiros. Lembramos que são apenas ilustrativas e envolvem situações comerciais e pessoais, mas ambas relacionadas a dinheiro. Na área de prestação de serviços financeiros, duas funções conflitantes são as de vendedor e fiador. Embora haja objetivos em comum nas duas atividades, os métodos e estilos de trabalho são completamente diferentes. A vida é cheia de pessoas que têm objetivos semelhantes mas maneiras diferentes de trabalhar. Alguns exemplos são professores e administradores, projetistas e engenheiros, arquitetos e construtores, pais e filhos.

Nossa experiência, ao longo dos anos, envolve um grande número de instituições financeiras, de pequenos bancos a grupos empresariais gigantescos. Mas, independentemente do tamanho das empresas, do continente em que atuem e das cifras mensais que são geradas, o relacionamento entre vendedores e banqueiros é sempre tenso. E o motivo é simples: vendedores têm metas a cumprir. Seu objetivo maior é fechar negócios. Já o sucesso dos banqueiros depende de sua capacidade de conseguir as melhores transações financeiras para sua instituição. Muitos vendedores que trabalham com a área financeira vêem os banqueiros como obstáculos em seu caminho. E os banqueiros são, muitas vezes, pressionados a "seguir determinadas regras" em função do mercado e da venda de produtos e serviços. Claro, há exceções em todas as áreas, mas banqueiros (e profissionais da área de finanças em geral) tendem a resolver os problemas de maneira analítica enquanto os vendedores tendem a ser mais otimistas e motivados pelas oportunidades de "caça". Em muitos casos, os vendedores acreditam que podem levar os administradores a aprovar "uma transação vantajosa". Mas estes, treinados para serem mais realistas (ou pessimistas, se comparados aos vendedores), analisam e tentam identificar os possíveis problemas de um novo negócio. Os vendedores os consideram inflexíveis e negativos e muitas vezes essas opiniões contraditórias geram tensões e conflitos.

Muitos vendedores, pressionados por suas metas, irritados e ofendidos por algo que julgam estar apenas atrapalhando seu caminho, acabam se tornando pessoas difíceis, passando diretamente da primeira para a quinta marcha. Infelizmente nem todos os banqueiros percebem quando isso ocorre e começam a propor "soluções" aparentemente racionais intercaladas com crítica, alternativas e modificações para transformar a proposta em um "bom negócio". Se um vendedor já não tem muita paciência com um banqueiro ou administrador, esse tipo de estratégia pode enfurecê-lo ainda mais.

Quando isso acontece, a comunicação torna-se falha. Os banqueiros, acostumados a impasses e a encontrar soluções, começam a imaginar "possibilidades" (que, na opinião dos vendedores, são apenas formas de sabotagem). E mesmo que sejam soluções práticas e eficazes, enquanto os vendedores estão exaltados nada lhes parece bom. Qualquer sugestão, boa ou ruim, é imediatamente descartada em meio à tempestade que se forma. Muitos negócios deixam de ser fechados devido a disputas entre banqueiros e vendedores geradas pela incapacidade de controlar emoções.

Caso algum banqueiro esteja lendo este livro e ache que estamos sendo injustos com sua classe, lembramos que caberia aos próprios vendedores evitar as situações de tensão utilizando a primeira regra das técnicas N.I.C.E.: N – neutralizar emoções. Se um indivíduo (um vendedor entusiasmado) começa a observar suas emoções e percebe que está se exaltando, pode se controlar mais facilmente. Conforme já mencionamos, ao longo de nossa vida nos defrontamos com os mais diversos tipos de pessoas e muitas delas têm objetivos em comum, porém métodos distintos para atingi-los. A história seguinte é um exemplo clássico disso. Mark e Ron se depararam com um problema difícil mas, por sorte, conseguiram resolvê-lo.

SE ESTAMOS DO MESMO LADO, POR QUE GUERREAMOS?

Fomos contratados pelo First Union Bank (que se uniu ao Warchovia) para ajudar a maximizar a produtividade da empresa no departamento comercial do grupo. Isso incluía trabalhar com gerentes, vendedores e banqueiros. Reunimos o grupo e perguntamos se havia algum tipo de dificuldade no relacionamento ou nas negociações internas. Um banqueiro levantou a mão e disse:

– Um de nossos gerentes de vendas me pressiona constantemente para ser mais flexível com relação às regras, mas isso acaba fazendo com que eu me torne ainda mais resistente quando se trata de seus clientes.

Perguntamos então se o gerente estava presente e ele simplesmente apontou para o lado, falando:

– Sim, ele está bem ali!

Como se pode imaginar, houve um momento de grande tensão na sala. Mas era uma boa oportunidade para resolver a questão. Após alguns minutos de análise, percebemos que o gerente de vendas era do tipo que falava alto e se irritava facilmente quando as coisas não caminhavam da maneira como desejava. Começou a se defender, dizendo "gosto daquilo que faço e me entusiasmo com os desafios". Já o banqueiro não parecia ter o mesmo entusiasmo. O estilo do gerente ia contra tudo aquilo em que ele acreditava, ou seja, estratégias de pura lógica, fatos e análise. Após algum tempo de trocas de experiência, discussão e treinamento, os dois perceberam que era preciso conhecer melhor a maneira do outro pensar, o que os motivava e, principalmente, o que os fazia ser eficientes em seu trabalho.

Ao final do treinamento, o gerente se comprometeu a tentar neutralizar suas emoções desde que o banqueiro fosse mais flexível ao analisar suas propostas de negócios. Em vez de pular as marchas, os dois perceberam que era muito mais eficaz melhorar sua comunicação. Passaram a neutralizar suas emoções e a contornar os confrontos. Mas como fizeram isso? Veja a técnica descrita a seguir.

APRENDA A OUVIR (PARA CONTROLAR MELHOR AS EMOÇÕES)

Quando os ânimos estão exaltados não há possibilidade de acordo. Até as melhores sugestões ou soluções podem ser totalmente ignoradas nesses momentos. Mas como controlar as emoções para evitar que isso aconteça? Você ou a outra pessoa terão de parar por um instante e ouvir o que o outro tem a dizer. Para fazer com que uma pessoa o ouça, experimente:

> **Demonstrar empatia.** Mostre que compreende o estado de estresse em que ela se encontra e que você também já esteve em situações assim.
>
> **Perguntar.** Faça algumas perguntas que não a ameacem para que ela tenha a oportunidade de desabafar ou dar vazão às suas emoções.
>
> **Tentar acalmá-la e oferecer possíveis soluções.** Deixe claro que você acredita que a situação irá melhorar.

Veja o que aconteceu com Ron. É algo que acontece com muitas pessoas que viajam com freqüência e que vivem sob pressão. Observe como os elementos da técnica do "ouvir e demonstrar empatia" foram utilizados para alterar o resultado de um conflito emocional.

TRATAMENTO DE PRIMEIRA LINHA RESULTA EM BOA FAMA

Em 2002, Eddie Murray foi nomeado para a Galeria da Fama da maior liga de beisebol dos Estados Unidos. Eddie foi meu cliente durante muito tempo e o representei em diversas negociações e contratos de jogo em jogo, como jogador e administrador, de time em time e de cidade em cidade. Com o passar do tempo nos tornamos grandes amigos. Fiquei contente quando soube da nomeação e não perderia por nada a cerimônia. Mas quem já teve o privilégio de visitar a cidade de Cooperstown sabe que aquele não é exatamente um local acessível.

Sofri bastante para chegar e precisei enfrentar alguns desafios. Só para começar a cidade não tem aeroporto próximo. E o evento foi marcado para uma semana em que eu estava em plena correria de trabalho. Todos os dias tinha de enfrentar filas, pegar o primeiro vôo da manhã, cheio e demorado, conexões e longas filas para táxis em pleno horário de pico para chegar a um centro de conferência em tempo para apresentar seminários. Quando eles terminavam, tinha de pegar minhas coisas no hotel e fazer todo o percurso de volta para seguir para outros. Esse era o meu dia. Sei que não sou o único a ter uma rotina assim, mas você tem de convir que não é fácil.

O dia da nomeação foi pior ainda. Meu primeiro vôo nem decolou atrasado, mas foi muito turbulento por causa de uma tempestade (aliás, parece que as tempestades me perseguiram naquela temporada). Acabamos pousando com atraso no entanto, por sorte, o avião da conexão também se atrasou. Quando cheguei ao saguão, o painel anunciava "cancelado, cancelado, cancelado" e, ao final da lista, o da conexão: "atrasado". Lá fora parecia que o céu ia desabar. Por sorte não embarcamos. Entrei em uma fila de outra companhia aérea. As pessoas atrás de mim e à minha frente tinham todas um ar de cansaço. Malas de mão aos poucos foram sendo espalhadas pelo chão, gravatas foram sendo tiradas, mangas de camisas dobradas e os sorrisos foram desaparecendo dos rostos. Quando cheguei ao final da fila, observei que a funcionária tinha uma espécie de ritual com os passageiros. A cada cartão de embarque que recebia e inspecionava, levantava a sobrancelha, balançava de leve a cabeça com ar pessimista, dizia ao passageiro algo que o deixava ainda mais preocupado com o embarque e lhe entregava de volta o cartão. Cerrava então os dentes e o olhava esboçando algo que parecia um sorriso e fazia sinal para que o próximo passageiro se aproximasse.

Quando chegou minha vez, tive a sensação de que estava diante de um juiz. Mas então algo me ocorreu: ela não era o juiz, e sim mais uma vítima naquele dia tão tumultuado, exatamente como todos nós na fila. Disse a ela calmamente:
– Olá. Meu vôo é para Baltimore.
Ela mal me olhou e respondeu automaticamente:
– Os passageiros de dois outros vôos que chegaram atrasados perderam a conexão e estamos tentando encaixá-los neste vôo. Portanto, já está lotado. O avião ainda nem chegou e não sabemos a que horas irá chegar. E também não sabemos quando irá decolar por causa do mau tempo.
Aquiesci com um movimento de cabeça e peguei meu cartão.
Conforme ela digitava (apressadamente e com ar de desânimo) minhas informações no terminal, pude observar que ela parecia mais cansada que nós, passageiros. Enquanto enfrentávamos um ou dois vôos atrasados, ela lidava com o problema quase todos os dias, vôo após vôo, passageiro após passageiro que se enfileirava no salão cada vez que as condições climáticas decidiam não colaborar. Tinha de aturar passageiros reclamando, irritados com a notícia de que os vôos estavam se atrasando, cansados e muitas vezes jogando sobre ela a responsabilidade por tudo o que acontecia como se fosse a dona da empresa aérea ou pior, como se fosse responsável pelas condições meteorológicas. Naquele dia teve de agüentar a irritação de todos os passageiros. Parecia já ter usado todo o seu estoque de sorrisos, até os de reserva, e todos os recursos de seu manual de treinamento sobre como lidar com clientes.
Comentei em voz baixa:
– Deve estar sendo um dia difícil para você. Viajo bastante e imagino como deve ser trabalhar aqui em dias como este. (Demonstrar empatia. Mostre que compreende o estado de estresse em que ela se encontra e que você também já esteve em situações assim).

Capítulo 11 | Tratamento de primeira linha

Ela levantou a cabeça e olhou para mim, chocada. Obviamente nenhum dos passageiros havia falado assim com ela antes ou tentado ver as coisas sob o seu ponto de vista. O choque se transformou logo em desconfiança e em um olhar do tipo "você está mesmo falando sério?" Continuei:

– Como você lida com todo esse povo enfurecido o dia todo? (Pergunte. Faça algumas perguntas que não a ameacem para que ela tenha a oportunidade de desabafar ou dar vazão às suas emoções).

Ela baixou um pouco a guarda e explicou, mais calma:

– Há horas em que não sei o que fazer.

Concordei:

– Bem, espero que amanhã tudo volte ao normal. (Tente acalmá-la. Deixe claro que você acredita que a situação irá melhorar).

O simples fato de ter demonstrado interesse e empatia a transformou de pessoa que se torna difícil em situações de estresse em alguém que sofria junto com todos ali. Ela me entregou o cartão de embarque e disse:

– Vou ver o que posso fazer para encaixá-lo no vôo.

Então, algumas horas, um pacote de biscoitos e dois jornais, depois o avião da conexão finalmente chegou, foi descarregado e começou o embarque. À medida que a funcionária chamava as pessoas que aguardavam, ouvi meu nome: "Senhor Ron Shapiro, queira comparecer ao balcão de embarque". Parecia que eu estava sendo escolhido como "voluntário" para ser encaixado no vôo lotado. Levantei-me e caminhei até o balcão. A funcionária me entregou um cartão de primeira classe e disse:

– A classe econômica estava lotada; então, o colocamos na primeira classe. Faça uma boa viagem.

Sorri e ela sorriu de volta, dando um conselho que eu mesmo costumo dar: "E se o vôo demorar ou se atrasar para o pouso, não se irrite. Conte até dez".

– Obrigado e tenha um bom dia amanhã – respondi.

Ela se virou novamente para o balcão e continuou a entediante tarefa de anunciar os nomes dos que não embarcariam naquele vôo e teriam de esperar o próximo.

Assim, finalmente consegui continuar a viagem para Cooperstown. Dizem que às vezes se leva muito tempo para chegar à Galeria da Fama, mas que vale a pena esperar. E está certo. Foi um grande dia.

Todos passamos por pesadelos em algumas viagens e nem todas terminam tão bem quanto esta de Ron. Já a história seguinte não foi tão tranqüila assim. Até os jornais noticiaram a verdadeira guerra entre um colunista e uma empresa aérea norte-americana. Nesse caso, nenhuma das partes conhecia ou sabia como empregar os métodos N.I.C.E. e não se importaram em deixar publicamente claras suas diferenças.

MENTES E OUVIDOS FECHADOS

Jeffrey Gitomer, um colunista conhecido por sua *Sales Effectiveness*, e diretor do American Business Journals, teve uma experiência muito desagradável com a US Airways. Em uma coluna intitulada "Por que eles não conseguem sequer ter um bom departamento de Serviço ao Consumidor?", ele relata sua dolorosa experiência e a de muitas pessoas no contato com a indústria de serviços. Jeffrey dá aos leitores uma boa descrição do inferno que pode ser uma simples viagem quando não se tem um bom serviço ao consumidor. Chega a mencionar que a US Airways começou a ter problemas justamente por sua visão deturpada e limitada das necessidades dos consumidores. Embora muitas de suas considerações sejam válidas, a forma como ele as coloca parece mais um ataque do que um diálogo construtivo. Em sua ira, ele não tenta "estabelecer empatia" ou sequer considerar os motivos pelos quais a empresa necessitou "cortar custos" ou serviços. Não "pergunta" ou tenta imaginar por que as empresas aéreas (ou outros ramos de negócios) reagem às pressões econômicas de maneira nem sempre racional. E também não tenta contornar a situação e "acalmar os ânimos" oferecendo soluções que possam diminuir os problemas da empresa aérea e, ao mesmo tempo, atender às necessidades dos consumidores. A resposta não surpreende. Algum tempo depois, um representante da empresa aérea refutou de maneira fria e direta todos os seus argumentos em um artigo na mesma revista.

O diretor da US Airways, Chris Chiames, admitiu que a empresa aérea trabalha muito bem e que seus funcionários são apenas humanos. Muitas vezes os erros são cometidos até mesmo na área de atendimento ao cliente. Mas isso não tornava os argumentos de Jeffrey Gitomer válidos. Chris o acusou de "abuso verbal com os funcionários, muitos dos quais tomaram os comentários como pessoais". E foi mais longe afirmando que "o estilo de Jeffrey e seu comportamento são o verdadeiro teste de paciência até para santos. Nossos funcionários estão cansados de exigências descabidas e irracionais". Chris pode não ter sido ético ao mencionar que Jeffrey foi grosseiro, mas não estava errado. O problema é que nenhum dos dois tentou encontrar soluções para a situação. Não houve nenhuma tentativa de estabelecer empatia, de ouvir a outra parte ou de tentar contornar o problema. Ambos se preocuparam apenas em atacar.

Será que alguém aprendeu com a experiência? Será que Jeffrey mudou? Tentou em algum momento ver a situação do ponto de vista da empresa aérea? E será que a empresa, por sua vez, passou a tratar melhor os passageiros? Alguém tentou encontrar pontos em comum? Ou utilizou quaisquer técnicas N.I.C.E.? Não, muito ao contrário.

Nosso objetivo, ao contar esta história, não é julgar ou dizer quem está certo ou errado e sim mostrar como as emoções podem se agitar e, se não são controladas, causar situações graves e sem retorno.

OUVIR É UMA ARTE

"Ouvir de verdade" não é agir como um robô programado dizendo: "Entendo o que você sente. Mas por que está tão exaltado? Não se preocupe. Tudo vai dar certo". Não estamos lidando com robôs e sim interagindo com outros seres humanos. Responder de maneira mecânica e automática não funciona porque lidamos com pessoas que têm sentimentos e necessidades como nós. Além disso, as técnicas que sugerimos podem ser adaptadas ao estilo de vida de cada um para funcionar melhor.

O "SEM"

Existe uma linha tênue entre compreender e ceder. Compreender é ouvir, processar e entender. Ceder é desistir, se entregar e deixar que a opinião de alguém seja mais forte. E nem sempre compreender ou ceder é uma questão de opção para ambas as partes. Se você reconhece a necessidade de entender o outro lado para compreender melhor com quem está lutando (as exigências e os riscos), não para atacar e sim para ter mais poder de negociação, pode utilizar as técnicas do "ouvir" para atingir com mais facilidade suas metas. Em vez de ter de escolher entre entender e ceder, tente encontrar um ponto de equilíbrio entre os dois. Sugerimos usar o "sem": compreender *sem* ceder, ouvir o que está sendo dito ou pedido *sem* se sentir obrigado a ceder e compreender os motivos pelos quais uma exigência é feita *sem* ter, necessariamente, de se submeter a ela.

1. Demonstrar empatia sem ceder:
eu compreendo *versus* eu concordo

Existe uma linha tênue entre demonstrar empatia e ceder. Demonstrar empatia significa reconhecer que a outra pessoa está descontente, já concordar é deixar claro que ela está certa. Concordar dá a ela mais força. Demonstrar empatia é enviar um sinal de que você não é um adversário mas que deseja manter sua integridade e sua posição. Algumas maneiras de se demonstrar empatia sem ter de concordar ou ceder:

> "Até entendo por que você se sente assim..."
> "Entendo que seja difícil..."
> "Eu me sentiria da mesma maneira se..."
> "Sei que é difícil lidar com..."
> "Eu também ficaria muito irritado se..."
> "Sei que é um desafio muito grande..."

Claro, há variações para estas frases e não desejamos tornar a lista tão longa e cansativa. Ao demonstrar empatia, o mais importante é reconhecer os sentimentos e as emoções que a situação causa. Tentar ouvir e compreender demonstrando empatia é uma técnica bastante evidente e relativamente simples, mas a maioria das pessoas não a coloca em prática. Observe alguém que esteja lidando com uma pessoa que se torna difícil em situações de estresse e perceberá que raramente se busca empatia. A maioria das pessoas prefere enfatizar as diferenças ao invés de tentar encontrar pontos em comum. Experimente estabelecer empatia quando se encontrar em situação de confronto com alguém assim. Irá perceber por sua maneira de olhar e por sua linguagem corporal que ela está automaticamente reduzindo a velocidade e passando da quinta marcha para a terceira...

2. PERGUNTAR SEM OFENDER:
LIGAR O SISTEMA DE VENTILAÇÃO

Embora uma pessoa que se torna difícil em situações de estresse pareça estar se acalmando, fazer a pergunta errada pode levá-la de volta à quinta marcha. Alguns exemplos de perguntas erradas (sarcásticas ou que tenham conotação negativa ou ameaçadora):

"Mas o que há de errado com você?"
"Por que está levando tudo para o lado pessoal?"
"Por que está descontando tudo em mim?"
"Por que está agindo assim?"
"Levantou com o pé esquerdo hoje?"

Sugerimos perguntas que "encorajem a pessoa a falar" e se abrir ao diálogo (que não exijam apenas um "sim" ou "não") e, principalmente, que não a façam sentir-se julgada. Ataques desse tipo só fazem piorar as coisas. Experimente algo do tipo:

"Explique melhor o que você quer dizer..."
"Ajude-me a entender melhor..."
"O que aconteceu exatamente?"
"Há algo que eu possa fazer?"
"Aconteceu mais alguma coisa?"

Você provavelmente estranhou porque nem todas são perguntas. As duas primeiras são normalmente as mais eficazes porque permitem à pessoa desabafar (ventilar as emoções) sem se sentir interrogada. Lembre-se de que o objetivo neste estágio não é exatamente resolver o problema e sim fazer com que a pessoa reduza a marcha, passando da terceira para a segunda e, se possível, para a primeira.

3. Incentivar antes de resolver:
"vamos tentar" já é um bom começo

Quando uma pessoa difícil reduz a marcha para terceira ou segunda, a tendência de quem está lidando com ela é tentar propor soluções. O problema é que, embora esteja mais calma, ela pode não estar pronta para ouvir ou acatar aquilo que alguém acha que ela deve fazer. Ainda pode haver um nível de ansiedade muito alto que não lhe permita tomar decisões. Veja alguns exemplos muito comuns de quem tenta propor soluções nesses momentos:

"Bem, o que você deveria fazer agora é..."
"Se eu estivesse no seu lugar o que faria é..."
"Tente não..."
"O médico disse que você deve..."
"O mais lógico a se fazer agora é..."

Oferecer respostas como se você fosse o dono da verdade só faz com que o outro lado se coloque na defensiva e estraga todo o processo de conciliação. Portanto, em vez de dizer à pessoa o que ela deve fazer, tente acalmá-la e fazê-la ver que, independentemente do que possa acontecer, há uma luz no fim do túnel e que juntos vocês podem encontrar uma solução. Alguns exemplos de frases que incentivam:

"Acho que vamos conseguir."
"Vamos trabalhar juntos nisso."
"Estou disposto a fazer tudo o que for preciso para resolver esse problema."
"Acredito piamente que vamos atingir nossa meta."
"Pela minha experiência posso afirmar que vamos conseguir."
"Vamos encontrar uma maneira de resolver essa questão."

O presidente Lyndon B. Johnson disse certa vez: "Nada é mais convincente que a convicção". Acalmar e incentivar uma pessoa que se torna difícil em situações de estresse ajuda a transmitir a ela a segurança de que o problema pode ser resolvido. Se perceber que você está realmente seguro e comprometido, muito provavelmente ela irá passar para o seu lado e começar a trabalhar para criar soluções até mesmo para as situações mais complicadas. Ao ouvir e demonstrar empatia, você pode fazer com que a pessoa se acalme e assuma uma posição mais neutra, produtiva e menos emotiva.

Mesmo as melhores teorias não têm valor algum se não funcionam de verdade na prática e sob as circunstâncias mais difíceis, quando tudo mais parece falhar. Veja a seguir uma história real em que Ron usa as técnicas de "ouvir" para modificar uma situação difícil.

O HERÓI MAIS IMPROVÁVEL

Tudo aconteceu em 1983 quando o time Orioles estava à frente no campeonato da Liga Americana. Era um time repleto de estrelas: Cal Ripken Jr., que figuraria pouco tempo depois na Galeria da Fama, Eddie Murray, Jim Palmer e alguns reservas como Scott McGregor, Mike Boddiker, o grande Tippy Martinez, Cy Young, Mike Flanagan e o técnico Joe Altobelli, um dos maiores da história. A formação do Orioles de 1983 foi inesquecível.

Mas essa história não é sobre os grandes jogadores e sim sobre um iniciante chamado Lenn Sakata. Na verdade, um herói chamado Lenn Sakata. Mas vamos explicar isso mais adiante.

No mês de agosto, os Orioles e o Toronto Blue Jays estavam em meio a uma grande disputa que iria decidir quem ficava ou saía do campeonato. Eram os jogos mais importantes da temporada.

Porém, um de meus clientes, Lenn Sakata, não estava jogando tão bem e sentia-se muito frustrado. Quanto mais o campeonato se adiantava e mais aquecidos ficavam os times, menos ele se destacava. Mas, como era um competidor nato, aquilo o enfurecia. Queria ser parte ativa do time o tempo todo e não ficar sentado no banco de reservas.

Durante um intervalo veio falar comigo desesperado e decidido a deixar o time. Aconselhei-o a ficar quieto no banco de reservas para não chamar a atenção da imprensa, pois qualquer história naquele momento, especialmente a de um jogador querendo sair do time, era tudo o que os repórteres queriam. Eu conhecia Lenn muito bem e sabia que ele tinha uma personalidade bastante instável. Até aquele momento havia mantido o controle, mas poderia perdê-lo a qualquer momento. E assim foi durante todo aquele mês de agosto. Cada jogo em que permanecia no banco o deixava mais frustrado.

Então, em 24 de agosto, Lenn Sakata, um atleta profissional que havia se dedicado a vida toda à competição, não suportou a pressão. Pegou o telefone e anunciou: "Estou saindo". Por sorte a ligação foi para mim e não para um repórter. Em uma tentativa de acalmá-lo convidei ele, sua esposa e seu filho a virem a meu escritório. Quando os três chegaram pude ver claramente que Lenn estava à beira de um ataque e fazendo de tudo para controlar sua raiva (o bebê parecia mais fácil de controlar do que ele). Lenn só queria jogar, mesmo que isso significasse ser transferido pra outro time. Meu trabalho era fazer todo o possível para que não saísse, mas eu estava consciente da realidade. Primeiro, os empresários não devem fazer um jogador mudar de time. Segundo, os diretores do Orioles GM Hank Peters iriam fazer o que achassem melhor para o time e não apenas ceder às vontades de um jogador. Claro, Lenn não estava interessado em ouvir sobre realidade. Só queria ação e isso envolvia jogar bola.

O que fazer? Não tinha muitas opções nem o poder de colocá-lo no jogo. Também não podia negociar sua transferência. Mas, principalmente, não podia mentir para ele. A única coisa que podia fazer naquele momento era demonstrar empatia... sem no entanto ceder. Demonstrar empatia não significava incentivá-lo a mudar de time. Entendia o que ele sentia. Afinal, quem não ficaria frustrado se estivesse há vários jogos sentado no banco de reservas? Quem se contenta em ficar para trás nos negócios ou mesmo entre os amigos, na vida social? Contei a ele uma história sobre meu início de carreira como advogado, em que assisti a um colega trabalhar em um caso em que tinha certeza que poderia ter me saído melhor que ele. Mas, infelizmente, ainda era um estagiário e não podia atuar. Então, apesar de todo meu estudo, pesquisa, trabalhos e treinamento, tudo o que podia fazer era assistir. O advogado responsável, que equivaleria ao dirigente de um time, estava visivelmente perdendo a batalha, mas o jovem Ron Shapiro era meramente um espectador sentado no banco sem poder entrar em campo. Sabia que Lenn não estava prestando muita atenção, mas ao menos estava ouvindo. Contei então algumas histórias sobre outros jogadores, dos quais tinha sido empresário, que tinham tido problemas semelhantes. Eram todos jogadores qualificados e treinados para ter um excelente desempenho e não ficar na reserva. Todos haviam me dito a mesma coisa: "Coloque-me no jogo ou coloque-me em outro time". A maioria deles agora já era estrela nacional, com ilustres carreiras; jogadores determinados que não admitiam estar fora do jogo. Lenn começou a prestar atenção, pois percebeu que não estava sozinho. Não era o único bom jogador a ficar na reserva assistindo ao jogo. Pareceu então relaxar um pouco. Tinha passado da quinta para a quarta marcha.

Comecei então a fazer perguntas. Tentei não bombardeá-lo com questões ofensivas como "que diferença faria mudar de time?" ou "o que adianta ir para outro time e continuar no banco dos reservas?" ou mesmo "quem vai querer um jogador que não joga?" Em vez disso, formulei perguntas que poderiam incentivá-lo e ajudá-lo a desabafar. "Lenn, por que você acha que mudá-lo de time seria bom neste momento?" e "Como seria para você ser transferido para um time que não esteja em destaque?" e também "O que faria se mudasse de time e depois se arrependesse?" À medida que fazia as perguntas, percebi que ele estava começando a digerir e analisar sua tensão emocional.

Como não se sentiu ofendido, foi aos poucos se acalmando e reduzindo as marchas.

Comecei então a incentivá-lo. Queria que voltasse para casa se sentindo mais confiante, mas não podia lhe dar esperanças demais. Não havia como dizer "Deixe que eu cuido disso", pois não tinha poder para tanto. Não podia fazer com ele o que muitas vezes fazemos com crianças, prometendo todo tipo de coisa. Meu papel naquele momento era apenas acalmá-lo e transformar uma pessoa difícil devido a uma situação de estresse em um indivíduo equilibrado e produtivo. Não tinha como resolver o problema, mas podia ajudar a acalmar os ânimos até que se encontrasse uma solução. Disse então:

— Vou fazer tudo o que é possível, mas pode levar algum tempo.

Não era uma solução e sim a promessa de que eu tentaria. Consegui fazer com que se acalmasse um pouco dizendo depois:

— Sei que o tempo está se esgotando, mas talvez em uma semana tenhamos resolvido.

Uma semana é tempo suficiente para que muita coisa aconteça, mas para Lenn poderia parecer uma eternidade pois ficaria sentado no banco. Mas, ao final, ele concordou.

Naquela noite fui ao estádio e assisti, juntamente com mais de 25 mil fãs no Memorial Stadium, àquilo que seria um jogo decisivo entre o Orioles e o Blue Jays. Sentei-me no local de sempre, próximo aos jogadores dos Orioles. O time estava apenas uma partida à frente e os Blue Jays estavam ansiosos para eliminar a diferença. Não fiquei surpreso ao perceber que Lenn não entrou em campo. Parecia que ia passar mais um jogo sentado no banco dos reservas.

A partida estava sendo disputada ponto a ponto. O técnico fez vários ajustes estratégicos. Percebi então que Rich Dauer, o segundo jogador da base, ainda não tinha entrado. Mas como? Sabendo que Lenn era um dos melhores jogadores da base, comecei a ter esperanças. Espiei para ver melhor o técnico e me aproximei justamente no momento em que ele escrevia "S-A-K-A..." Sim! Meu coração disparou. Lá estava Lenn colocando as luvas, pronto para entrar em campo. Finalmente, após tanto tempo me esforçando para manter sua auto-estima, o técnico resolveu a situação e nos trouxe muito alívio.

Após várias jogadas, o técnico fez algumas mudanças e percebi que sua melhor estratégia era apostar em Lenn. No entanto, imagine minha surpresa quando, após o segundo tempo, não o vi entrar. Imaginei que ainda estivesse se preparando. Minha expectativa não durou muito. O técnico colocou John Lowenstein na segunda base. Não era uma boa idéia. Ainda assim faltava o jogador de terceira base e, embora não fosse a melhor posição de Lenn, ele podia muito bem jogar nela. Para minha decepção, o escolhido foi Gary Roenicke. Dá para imaginar como me senti, não?

Lenn Sakata era um jogador muito útil e estratégico, por isso não entendi por que foi mandado de volta para o banco. Tive vontade de ir até ele, mas não tive coragem de ver seu olhar de desapontamento.

A única posição ainda disponível era a de receptor, e Lenn não era exatamente treinado para esta tarefa. No entanto, quando olhei de novo lá estava ele caminhando para a base. Fiquei pensando "acho que isso não vai dar certo". Mas pelo menos ele estava no jogo.

No décimo tempo, o batedor salvou Lenn. Mandou a bola para tão longe que ninguém conseguiria pegá-la. Sem bola para agarrar, a responsabilidade de Lenn diminuía.

Mas o alívio não durou muito. O batedor seguinte, Barry Bonnell, fez questão de testar os limites de Lenn. O que ele não esperava é que o jogador da primeira base Eddie Murray, que iria para a Galeria da Fama, fez sinal para o arremessador Tippy Martinez. Tippy, que estava ansioso pela jogada, arremessou para Eddie, que rapidamente a jogou para a segunda base e Bonnell não conseguiu rebater. Os nervos de Lenn (de sua esposa e também os meus) se abalaram. Mas ele foi salvo pela segunda vez.

CAPÍTULO 11 | TRATAMENTO DE PRIMEIRA LINHA

Mais uma rodada, com todos ansiosos e, para nossa sorte, Lenn foi poupado mais uma vez.

O drama estendeu-se durante um bom tempo ainda, pois os Jays não estavam dispostos a perder e colocaram um batedor experiente para a jogada seguinte. Tenho de confessar que poucos jogos a que assisti em minha vida (como empresário, como fã e como pai de jogadores) foram tão disputados. Lenn Sakata teria de jogar muito bem para terminar a partida em campo. Para sua sorte os outros jogadores não estavam tão preocupados quanto ele. Tippy iniciou a jogada fingindo bater para fora, mas jogou para Eddie que estava como segundo batedor e enganou o outro time. Que jogada! E Lenn não teve de jogar.

Mais um suspiro coletivo de alívio. Os Orioles, porém, ainda tinham de vencer nos tempos que faltavam.

Então, outro que entraria para a Galeria da Fama, Cal Ripken, comemorou seu aniversário com um glorioso *homerun* que só ele sabia fazer. O Orioles sentiu que sua posição estava ameaçada. Os fãs esperavam um milagre. Era um momento de glória para Cal ou para Eddie. Lenn, que não jogava fazia dias e que teve de entrar como receptor, apanhou um taco e foi para a base (o que ainda não lhe daria uma imagem de herói). Todos no estádio sabiam que o técnico tinha escolhido Lenn como estratégia (a não ser que eu estivesse sendo muito otimista).

Mais jogadas. A bola voou e Lenn percebeu que chegara o "seu momento". Todos pararam de respirar para assistir. Em vez do estilo Cal Ripken, o que se viu foi algo um pouco diferente. A bola voava alto e parecia ter uma força extra...

Lembro-me de que pensei: "Ele não vai conseguir. A distância é muito curta. Não vai dar tempo..." mas a bola continuou e Lenn teve sorte, pois ela caiu no lado certo. Em menos de um segundo, Lenn Sakata havia se tornado o herói do dia. Fez um excelente *homerun*, na verdade o terceiro da temporada, e com tanta classe que a arquibancada foi à loucura. Todos os jogadores pularam de alegria. Até eu me levantei, pulei

a cerca de proteção, entrei no campo e, após sentir que o técnico me olhou e aprovou, me juntei a eles para celebrar. O jogo estava ganho. Abracei Lenn e gritei em seu ouvido:
– Deu certo. Eu sabia que íamos conseguir!
Ele sorriu, aliviado. Todo o seu nervosismo desapareceu.

Nós dois havíamos passado por uma situação péssima. Lenn não era uma pessoa difícil. Tinha se comportado assim devido às circunstâncias. A situação havia mexido com suas emoções. Sua tendência era se recompor e estabelecer o foco em suas habilidades. No fundo não queria ser transferido para outro time. Queria e precisava daquela oportunidade de jogar. Seu único desejo era fazer parte de uma equipe e lutar pela vitória.

Quando consegui identificar em Lenn uma pessoa difícil devido a uma situação de estresse, pude estabelecer empatia, fazer as perguntas corretas e garantir que faria o melhor possível para resolver o problema. Consegui fazê-lo passar da quinta para a primeira marcha. Se tivesse continuado a agir de maneira irracional não teria se mantido firme aguardando uma oportunidade e poderia ter explodido no momento errado. Mas, como conseguiu controlar as emoções, manteve toda sua energia concentrada em fazer a jogada certa.

Unindo as técnicas de *ouvir*, a habilidade de Lenn e uma dose de sorte, transformamos um desafio em oportunidade e ele se tornou um herói. O Orioles foi campeão com glórias. Em nenhum outro time ele teria obtido o mesmo resultado naquele ano.

OUVIR DE VERDADE – OS TRÊS CS (*CÊS*)

A técnica de *ouvir* foi criada para que as pessoas possam ouvir de verdade umas às outras em vez de somente responder, repreender, falar, negar, denegrir ou rejeitar. Lembramos novamente que utilizá-la de maneira mecânica e automática pode até funcionar em determinadas circunstâncias, mas se o objetivo é realmente acalmar alguém, elas devem ser utilizadas de maneira consciente.

Infelizmente a maioria dos cursos sobre comunicação no mercado só ensina as pessoas a falar melhor, tanto os de dicção quanto os de oratória, por exemplo. Poucos ensinam como se tornar um bom ouvinte. Então, enquanto a maioria se preocupa com voz, ritmo e entonação o foco de nossa técnica é aquilo que chamamos de Três Cs: Conexão, Consideração e Confirmação.

1º C – CONEXÃO

Sim, estabelecer conexão com alguém envolve contato visual, eliminar possíveis distrações e utilizar linguagem corporal. E, acima de tudo, conectar-se realmente a outra pessoa envolve atitude. Por exemplo: não há como estabelecer contato visual por telefone, mas é possível estabelecer um contato mais próximo com a pessoa do outro lado. Basta dizer o nome dela durante a conversa, abordar assuntos que despertem seu interesse, descobrir pontos em comum e dizer novamente o nome dela ao se despedir. Se estiverem conversando pessoalmente, além de olhar nos olhos dela, experimente se levantar, tomar nota, repetir os aspectos mais importantes que foram estabelecidos e tudo o mais que possa demonstrar interesse. E o mais importante: tente evitar distrações. Quando estiver ao telefone, deixe de lado tudo o que estiver fazendo: navegar pela Internet, responder *e-mails*, organizar seus papéis, jogar no computador, verificar sua contabilidade ou mesmo comer. Concentre-se exclusivamente na pessoa, esteja ela do outro lado da mesa ou de uma ligação telefônica transatlântica. Lembre-se de estabelecer uma Conexão... seja ela qual for.

2º C – CONSIDERAÇÃO

A maioria das pessoas é tão apegada às próprias convicções que dificilmente leva em consideração o que as outras têm a dizer.

Às vezes, nem mesmo se dá ao trabalho de pensar antes de expressar sua opinião. Mas para ouvir de verdade temos de nos acalmar, abrir a mente a opiniões possivelmente diferentes e, em vez de dizer abruptamente a primeira coisa que nos vem à mente, refletir e ponderar. Reagir sem pensar é o oposto de ouvir. Portanto, pare um instante antes de responder. Não interrompa a pessoa antes de ela terminar. Lembre-se de que há uma grande diferença entre ouvir e ficar esperando alguém acabar de falar. Faça uma pausa quando ela terminar para pensar bem no que irá dizer. Reflita sobre o que ela disse e evite fazer julgamentos. Mesmo quando tiver certeza daquilo que quer, procure obter mais informações. Pensar antes de falar permite respostas melhores e demonstra que você prestou atenção e levou em consideração tudo o que a pessoa disse.

3º C – Confirmação

Confirmação é um aspecto muito importante a ser considerado antes, durante e depois de uma reunião ou de uma conversa. Confirme todos os dados antes de agendar compromissos, de preferência por escrito ou verbalmente, especificando os objetivos logo no início. Confirmar durante a conversa significa repetir e enfatizar os aspectos principais e fazer observações que os tornem mais claros. Após a conversa, é importante confirmar tudo o que foi dito resumindo os pontos principais. Pode ser tanto um resumo verbal ou, em situações mais formais, um *e-mail* ou um relatório. Mas, independentemente da situação, é crucial que isso seja feito. Evita muitos erros e problemas de comunicação.

Ouvir é algo que todos podem e deveriam fazer com mais atenção. Não existe segredo ou fórmula para quem deseja ser um bom ouvinte. Todos temos essa habilidade, bastando prestar atenção ao nosso comportamento, adaptá-lo às necessidades e agir de forma consciente. Utilizar os Três Cs é uma maneira simples e eficaz de fazer isso.

CAPÍTULO 12

O PEQUENO GRANDE HOMEM:
Como administrar o confronto com pessoas estrategicamente difíceis

COMPORTAMENTO DIFÍCIL COMO UMA FORMA DE ESTRATÉGIA

COMO JÁ MENCIONAMOS, PESSOAS ESTRATEGICAMENTE DIFÍCEIS PARECEM estar sempre "tramando algo". Tentam nos convencer "por persuasão ou por pressão" que temos obrigação de seguir suas regras. Fazem de seu comportamento difícil uma ferramenta porque acreditam que se trate de uma estratégia comprovadamente eficaz que faz parte de seu arsenal tanto nas relações pessoais quanto comerciais. É um conjunto de táticas completo, testado e aprovado. Elas têm até regras preestabelecidas e usam todo tipo de manobra, opressão para fazer as pessoas agirem de acordo com suas regras. Mas, como se trata de pura estratégia (e não de pessoas passando por situações difíceis ou estressantes), é possível fazê-las modificar seu comportamento lidando com elas de maneira sensata e utilizando estratégias apropriadas. Um método simples para lidar com esse tipo de pessoa é a tática dos três Rs (*érres*).

OS TRÊS RS: RECONHECER, REAGIR & REDIRECIONAR

Outro sistema de três etapas (fácil de lembrar, fácil de aplicar).

Primeiro passo:
Reconhecer – Confie em seu "sexto sentido"

Antes de se defender de uma pessoa estrategicamente difícil, é preciso identificar que tipo de tática ela está utilizando. A maneira mais fácil de fazer isso é estudar a Lista das 20 Principais Táticas. Conhecê-las bem lhe dá a possibilidade de identificá-las assim que são colocadas em prática. Mas seus instintos são sempre a fonte mais confiável, mais até que seu cérebro. Essa característica pode ter muitos nomes como intuição ou sexto sentido, mas, independentemente do nome que lhe demos, trata-se de nosso subconsciente alertando que há algo errado. Quem tem cães ou gatos sabe muito bem disso e muitas pessoas já evitaram problemas e situações difíceis seguindo esses "avisos".

Mark tem um cão labrador negro chamado Lou, que é muito manso, alegre e cumprimenta a todos abanando a cauda. Se a esposa de Mark chega em casa irritada ou triste Lou percebe imediatamente e vai até ela com a cabeça e as orelhas abaixadas. Embora não saiba exatamente o que está acontecendo, o cão sente que algo a incomoda (Mark confessa que gostaria de ser capaz de fazer isso também).

Muitos seres humanos também têm um sexto sentido aguçado. Alice Rose, que trabalha em nosso escritório, conta que uma noite acordou em pé perto de sua cama com um cobertor que tirou do armário enquanto dormia. Havia sonhado que sua mãe, que mora em Chicago, estava com frio e precisava de um cobertor. No dia seguinte, sua mãe lhe ligou dizendo:

– Acho que peguei um resfriado. Meu cobertor escorregou da cama durante a noite e quase morri de frio!

Talvez tenha sido apenas uma coincidência. Talvez não.

Se você sente que a pessoa pode estar usando um artifício, provavelmente está certo.

Confie em sua intuição. Seja um "sexto sentido" ou puro "instinto", seu subconsciente normalmente sabe que você está em uma situação delicada ou perigosa bem antes de sua mente perceber. Isso também vale para as táticas usadas por pessoas estrategicamente difíceis. Você pode não saber o nome, os detalhes ou a intensidade do impacto da tática, mas sente que há algo errado. Não estamos, com isso, alimentando a paranóia. O objetivo é apenas fazer com que você escute sua voz interior, especialmente quando ela diz "cuidado".

FORÇA NUCLEAR – COMO O ALMIRANTE RICKOWER VENCIA PEQUENAS BATALHAS

O almirante Hyman Rickower, nascido em uma família de judeus imigrantes, entrou para a Academia Naval em 1918, na época de maior conflito com a aristocracia protestante. Segundo o que diziam, Rickower vivia isolado do resto da tripulação. Formou-se na Academia e não teve grande destaque logo no início de sua carreira. Prestou serviço voluntário na guarda submarina, mas não foi eleito para o comando. Algum tempo depois foi selecionado, provavelmente de maneira aleatória, para servir em Oak Ridge, no Tennessee, onde se desenvolvia uma pesquisa nuclear. Na época, estava claro que o uso militar da força nuclear representava uma grande oportunidade para a Marinha e para ele. A partir daí, isso se tornou sua obsessão e ele iniciou sua carreira histórica.

No entanto, apesar da fama e do respeito que conquistara na área, chegando a ocupar a posição de almirante e a alcançar renome internacional, Rickower jamais conseguiu superar a insegurança da época em que era mais tímido e se isolava dos outros cadetes. O pai da "Marinha nuclear" e criador do primeiro submarino movido a energia nuclear era famoso por suas táticas sutis. Tinha o hábito de distribuir as cadeiras de maneira irregular nas salas de reunião para receber as pessoas, fossem elas oficiais do alto comando ou subordinados. Era sua maneira de mantê-las literalmente "em desequilíbrio". Era uma tática

"Ambiente físico" para obter ou manter seu senso de superioridade e, conseqüentemente, uma situação de vantagem ao negociar. Quase ninguém percebia que se tratava de manipulação ao ver as cadeiras em desordem contrastando com a posição sólida e estável de Rickower. Só o que sentiam era um certo desconforto e uma sensação de estarem em desvantagem na presença dele.

No dia-a-dia enfrentamos esse tipo de tática com muita freqüência. Se tentamos negociar um preço melhor com um vendedor de carros usados ele diz: "Vou falar com meu gerente e ver o que posso fazer". Pode não ser exatamente uma tática de "depender de uma autoridade", mas causa a sensação de que há algo errado ou de perda do controle da situação.

Não é preciso ter um nome ou uma definição para cada tática. A partir do momento em que conhecemos as 20 mais comuns, desenvolvemos a sensibilidade específica que nos permite identificar qualquer uma. Sugerimos memorizar a lista das 20 principais para facilitar, além de confiar em sua intuição, é claro. Se algo lhe diz para não ir em frente é melhor parar. O mais importante, seja por meio de memorização ou intuição, é saber que o primeiro passo, ao se lidar com uma pessoa estrategicamente difícil, é reconhecer o tipo de tática que ela está empregando. A partir daí fica mais fácil desarmá-la.

Segundo passo:
Reagir-verbalizar sem se igualar

Pessoas desse tipo usam estratégias que já utilizaram no passado e com sucesso porque provavelmente nenhuma de suas vítimas percebeu que estava sendo envolvida em uma artimanha. Acreditam piamente que ninguém jamais desconfiaria.

Por isso recomendamos deixar claro ao lidar com indivíduos estrategicamente difíceis que você sabe "fazer o mesmo jogo". Algumas respostas e reações simples podem demonstrar que você não é uma presa tão fácil.

Mas cuidado: tente não usar um tom de acusação ao reagir. O objetivo não é constranger ou colocar a pessoa contra a parede, pois isso pode fazê-la adotar um comportamento ainda mais difícil. Tente evitar usar frases do tipo:

"Eu sei do que você é capaz."
"Seus truques não funcionam comigo."
"Não tente me manipular."
"Suas táticas me ofendem."

Há dois motivos para esse tipo de frase ser contraproducente:

- A pessoa pode não estar usando uma tática. Não se pode ter 100% de certeza e com isso acabar piorando as coisas.
- Você pode acabar pressionando a pessoa contra a parede. A intenção é fazer com que ela perceba que não consegue enganá-lo, mas verbalizar isso pode fazê-la recuar e mudar sua estratégia. Atacá-la diretamente irá colocá-la na defensiva. Acusações desse tipo podem acabar em uma disputa inútil e não resolvem o problema.

Diga o que sente

Há maneiras mais eficazes de contornar a situação. Expressar exatamente o que se sente pode ser a melhor opção. Experimente estas técnicas.

Expresse suas emoções. A pessoa pode negar que esteja tentando manipulá-la, mas você também pode deixar claro que não está "se sentindo" manipulado. Por exemplo:

- No caso de tática que envolva "Local estratégico" – "Não estou me sentindo muito bem aqui. Vamos para um lugar onde possamos conversar mais à vontade".
- No caso de tática do tipo "Pegar ou largar" – "Estou me sentindo pressionado e sem opções. Assim não vamos chegar a lugar algum".
- No caso de tática de "Comportamento inadequado" – "Você está nervoso. Não há como conversarmos dessa maneira".

Mencione experiências similares. Explicar a alguém que você já passou por experiências parecidas denota sensibilidade. E também é uma maneira de não acusar diretamente o outro lado de utilizar o mesmo tipo de manipulação ao qual você já foi exposto no passado. Alguns exemplos:

- No caso de tática de "Informações Surpresa" – "Já estive em situações em que as informações mais importantes surgiram só no final. E, claro, isso prejudicou todo o processo".
- No caso de tática de "Adicionar detalhes" – "Aprendi que é preciso ter cuidado quando alguém começa a adicionar detalhes ou informações ao final de uma negociação. Espero que não tenhamos de renegociar aspectos importantes agora que já está quase tudo certo".
- No caso de tática de "Conspiração" – "Esperava que esta reunião fosse apenas com você. Por experiência própria sei que só se alcançam os melhores resultados quando se negocia individualmente ou em equipes, não quando uma pessoa negocia sozinha com um grupo".

Ignore a tática. Em vez de reagir, experimente ignorar ou fazer pouco caso da tática utilizada pelo oponente. Porém, isso só funciona bem se o comentário for feito de maneira adequada, em tom de "camaradagem", para desarmá-lo. Caso sinta um tom de ameaça o oponente pode se colocar ainda mais na defensiva.

Como sempre recomendamos, interprete e adapte cada uma dessas sugestões à situação e ao seu estilo. Se você não é do tipo calmo e tranquilo, pode passar uma imagem um tanto agressiva. Mas, se for mais calmo, do tipo que se dá bem com a maioria das pessoas, essas técnicas podem ajudá-lo a desarmar um oponente.

Se decidir utilizar a técnica de "Ignorar a tática", sugerimos identificar e até classificar as estratégias que estão sendo utilizadas contra você. Como a técnica envolve uma abordagem leve, amistosa e não agressiva, pode ser usada de maneira direta sem causar maiores problemas. Alguns exemplos de como identificar cada situação:

- Para a tática do "Tipo bonzinho/tipo maldoso" – "Ah, parece que ele está tentando bancar o bonzinho/maldoso. Já vi este filme antes".
- Para a tática do "Silêncio" – "Muito bem. Ele quer que eu me sinta constrangido com seu silêncio".
- Para a tática de "Desviar o assunto" – "Ele pode até me chamar de louco, mas sei exatamente o que está tentando fazer. Quer me fazer desviar do assunto principal para que eu me perca na conversa e concorde com seus argumentos".

O caso seguinte ilustra inicialmente dois dos três Rs, Reconhecer e Reagir, seguidos do terceiro, Redirecionar. Trata-se de uma experiência real vivida por Ron em seus grandes dias de empresário.

Mostra as técnicas de manipulação quase hilárias de um oponente nada sutil.

O PEQUENO GRANDE HOMEM

Lembro-me até hoje de quando tive de negociar com o presidente de uma agência publicitária, um homem talentoso porém muito egoísta. Fazia questão de que todas as reuniões fossem em seu escritório. Tinha de me sentar de frente para ele diante de sua imponente mesa de trabalho e em uma cadeira bem mais baixa que a sua (tenho quase certeza de que havia mandado diminuir as pernas dela). Se colocasse a mão para baixo conseguia tocar o chão. Já a dele era quase um pedestal; parecia um trono. E ele a colocava na posição mais alta possível. O resultado? Todos os que se sentavam ali (parceiros, fornecedores e clientes) tinham a sensação nada sutil de estar na presença de alguém "maior", mais poderoso e, claro, com maior controle sobre a situação.

Um dia tive de ir à agência para uma reunião representando um atleta que seria o ator principal de uma campanha publicitária. Quando cheguei, fui encaminhado à sala do CEO[2] e à cadeira em frente à mesa. Fui me abaixando, abaixando até chegar ao assento, olhei para o chão e me senti em uma posição muito desconfortável. Olhei para a cadeira do CEO e tive de levantar a cabeça para falar com ele (percebi que meu sexto sentido estava tentando me dizer alguma coisa). Lembrei-me de uma história que ouvi sobre o presidente Lyndon Johnson.

Johnson sempre se sentava em sua "alta poltrona" presidencial sempre que voava no avião Air Force One. E, como tinha alta estatura, parecia mesmo ser muito maior que sua equipe e seus subalternos.

---

2. Executivo principal de uma empresa. (N.E.)

Olhava de cima até para os membros da imprensa. Todos os que viajavam a bordo do avião com ele se lembravam o tempo todo de que estavam a bordo da nave presidencial e na companhia de Lyndon Baines Johnson. Não eram apenas convidados, e sim acompanhantes do grande homem sentado naquela imponente poltrona. Provavelmente o CEO daquela agência conhecia a história e se impressionara com ela.

Sentado ali naquela cadeira baixa, conversei com ele sobre amenidades. Mas quando o assunto começou a girar em torno do contrato de trabalho me levantei (com certa dificuldade após ficar encolhido durante tanto tempo) dizendo: "Prefiro caminhar enquanto falo" (reagi verbalizando meus sentimentos, mas sem acusá-lo ou provocá-lo).

Os olhos do executivo me seguiam, desconfiados. Então, a dois passos de distância dele, comecei a discutir as condições básicas do contrato. E, enquanto estabelecíamos os principais aspectos, aproximei-me ainda mais. Ele chegou a arregalar os olhos mas não podia reclamar, já que estávamos no ponto mais importante da discussão. Inclinei-me sobre sua cadeira (colocando-o em uma posição em que tinha de olhar para cima para falar comigo) e fiz algumas perguntas cruciais sobre os aspectos mais importantes da negociação. (Agora que já havia:

1. Reconhecido a tática e
2. Reagido, estava preparado para
3. Redirecionar nosso foco para o acordo em si.)

A essa altura sua vantagem inicial havia sido neutralizada. Ele já não estava em uma cadeira, em um nível ou em uma posição privilegiados. Ao confiar em minha intuição, consegui verbalizar meus sentimentos, rever o foco, concentrar-me apenas nos aspectos essenciais e reverter a situação a meu favor.

Terceiro passo:
Redirecionar – manter o foco no assunto principal

Este terceiro passo para lidar com as táticas das pessoas difíceis é vital, pois evita que a conversa se transforme em uma discussão sobre a estratégia em si em vez do assunto principal. Assim que o oponente perceber que você está consciente das táticas que ele utiliza, retome imediatamente o foco da conversa. Se deixar espaço para que ele se defenda você acabará tendo de justificar todos os seus argumentos, responder às suas perguntas e, com isso, se desviar do motivo principal que o levou a conversar com ele. Para evitar isso, experimente usar frases do tipo:

"Independentemente de como eu me sinta, o mais importante é resolvermos este assunto."

"Não quero que nossa conversa termine como muitas que já tive, por isso vamos em frente."

"O mais importante para nós dois é terminar isto o mais rápido possível."

"Já caminhamos bastante. Vamos manter o foco e não deixar que esses detalhes nos distraiam."

"Já chegamos a um acordo com relação a todos esses tópicos. Vamos continuar a manter o foco para resolver os assuntos que faltam."

O mais importante nessas frases não são as palavras em si, mas seu efeito: o de não ficarmos "presos" a aspectos como análise, discussão ou defesa diante das táticas utilizadas. Simplifique: Reconheça, Reaja & Redirecione.

Observação: mas não se deixe enganar. Simplificar não significa facilitar. As técnicas que apresentamos podem parecer fáceis de aprender, mas requerem muita prática para ser corretamente adaptadas e dominadas. Quanto mais se usam, mais eficazes elas se tornam.

Uma das melhores provas do uso correto dos Três Rs está no romance de Tom Wolfe, *Um homem por inteiro*. Os dois protagonistas, ambos poderosos homens de negócios, disputam o controle do mercado. Ao final, o que consegue Reconhecer, Reagir e Redirecionar com mais habilidade ganha todas as concorrências e vence o oponente, deixando-o sem ação.

A CENA DO PASTEL
UM HOMEM POR INTEIRO

Wolfe inicia a cena com dois negociadores frente a frente em um cenário masculino e agressivo. Charlie Croker é um mega-construtor, quase careca, mas descrito como tendo aquele tipo de calvície que denota muita masculinidade (quando a testosterona chega a causar queda de cabelos). Croker deve ao banco mais de 500 milhões de dólares e a gerência designou seu eficiente funcionário, Harry Zale, para fazer com que a conta seja paga. Wolfe descreve Zale como uma personagem em "estilo militar", que considera tudo como uma estratégia de campos militares.

Harry Zale inicia o confronto criando, de maneira premeditada e quase diabólica, um ambiente propício para colocar Harry em uma situação da qual não poderá escapar (tática do "Ambiente físico"). O objetivo é colocar Croker contra a parede e pressioná-lo até que ele fique parecendo um "pastel". Ele é levado a uma sala e lhe oferecem uma cadeira dura, perto de uma janela sem persianas e com o sol direto em seus olhos. Uma planta morta em um vaso no outro lado da sala parece um símbolo profético. A mobília é barata, velha e caindo aos pedaços. Até o carpete é gasto e esfarrapado. Croker pensava que seria tratado com certa deferência, mas o cenário mostra o contrário. Ele e seus companheiros ainda não sabem exatamente o que os espera, mas sentem que há algo errado (Reconhecer). Wolfe descreve: "No início apenas sentiam algo estranho, e os pêlos de seus braços se arrepiaram. Era seu sistema nervoso central informando que estavam entrando em uma situação complicada..."

Crocker reage descrevendo as promessas que lhe foram feitas pelo banco; promessas essas que jamais foram cumpridas. (Reagir).

Mas Harry Zale identifica rapidamente sua tática (Reconhece também). A tática de "Desviar o assunto" havia sido utilizada para distrair Harry do assunto principal e a "Cortina de fumaça" era para causar confusão e fazer com que a reunião terminasse sem que se chegasse a uma conclusão. Para deixar claro que não se deixaria envolver pelas táticas, Zale responde (Reage) dizendo: "Gostaria de ouvir a proposta de vocês sobre como nos pagarão. Que seja algo simples e direto".

Até então a partida estava empatada. Eram dois grandes negociadores, um de cada lado da mesa, jogando de igual para igual. Embora Zale tivesse colocado Croker em um ambiente desfavorável, isso não o intimidou. Conseguiu deixar claro aquilo que queria. E, apesar de Zale identificar seus métodos de ação, não iria desistir facilmente. Continuou tentando usar "Cortinas de fumaça", "Informações surpresa" e até "Comportamento inadequado" para distrair Harry.

Porém, como negociador experiente, Harry não se deixou iludir e levou o assunto de volta para o ponto que queria (Redirecionou), estabelecendo um cerco verbal e evitando as evasivas, as ameaças e as tangentes de Crocker até que ele, finalmente, se viu em uma situação difícil e não lhe restou outra opção a não ser fornecer as informações que Harry desejava.

Exasperado, Crocker afirma que não dispõe de bens para venda que possam somar os 500 milhões de dólares devidos ao banco. É uma grande mentira, pois na verdade ele já estava preparado. Então, em vez de discutir a afirmação e considerar o mérito de haver ou não bens disponíveis, Zale direciona a conversa para o mais importante: como a dívida pode ser paga (Redirecionamento). Antecipando toda a estratégia de Croker, Harry havia preparado uma lista de todas as propriedades e bens que seu oponente possuía. Começou então a descrevê-los e a designar o que deveria ser feito de cada um:

"Os carros da empresa valem, em conjunto, 593 mil dólares. Venda-os."

"A frota de aviões vale 58 milhões de dólares. Basta vendê-la."

"A fazenda e tudo o que ela contém. Venda-a."

Cercado e sem alternativas, Crocker olha ao seu redor observando a sala cheia de móveis velhos, o sol entrando pela janela e aquecendo o ambiente, e sente que não tem mais cartas na manga. Usou todas as táticas que conhecia, mas Zale conseguiu se desvencilhar de uma por uma com os Três Rs. Sente-se fraco e derrotado.

Harry venceu a batalha devido à sua habilidade de:

- Reconhecer as táticas usadas contra ele;
- Reagir ao perceber que estava sendo manipulado;
- Redirecionar a conversa sempre que necessário para manter o foco.

CONTRA-ATACAR TODAS AS TÁTICAS

Lembra-se da lista das 20 principais táticas usadas por pessoas difíceis? Pois oferecemos a seguir uma ferramenta para identificar, desarmar ou evitar (com os Três Rs) todas elas e a batizamos de "Táticas de desativação". Não é necessário memorizar as informações, apenas usá-las como um guia. Como todas são variações da lista das 20 principais, basta identificá-las e seguir as instruções seguintes para neutralizá-las.

FERRAMENTA
– AS TÁTICAS DE DESATIVAÇÃO
Estratégias para neutralizar as principais 20 táticas das pessoas difíceis

1. Tática da "Falta de autoridade" – Uma vez que se chegou a uma decisão final (ou se tem a impressão de que isso ocorreu), o outro lado afirma não ter autoridade suficiente para cumprir o que foi estabelecido.

Estratégia de contra-ataque:

- Desmascare a tática logo no início. Pergunte: "Como podemos dar andamento a esta decisão?" Determine se há alguém com mais autoridade que possa cumprir o que está sendo estabelecido.
- Peça para falar com o gerente ou responsável pelo departamento. Isso elimina a aura de mistério com relação à autoridade.
- Coloque-se na mesma altura do responsável. Explique que a decisão também depende de seus superiores.
- Estimule o ego dele: "Se você fechar negócio comigo, seu chefe com certeza irá gostar".
- Insista em obter uma resposta favorável. Certifique-se de que a pessoa se compromete a estudar o caso.
- Deixe tudo "documentado" e por escrito. Evite que a outra parte venha a alegar que o acordo "não ficou muito claro".

2. Tática do "Tipo bonzinho/tipo maldoso" – Duas pessoas estão juntas e querem fazer uma negociação ou um acordo com você. Uma delas age como se estivesse a seu favor e a outra contra, manipulando-o o tempo todo.

Estratégia de contra-ataque:

- Deixe claro que percebeu qual é a situação. "Isto está parecendo um jogo. De um lado um sujeito bonzinho e do outro um maldoso. Estou enganado?"
- Ignore o sujeito maldoso. Deixe-o falar e desperdiçar energia enquanto você mantém o foco e a atenção nos pontos principais da negociação.
- Encerre a sessão. Diga ao sujeito bonzinho que o maldoso está exaltado demais para que se continue a negociação.

3. Tática de "Pegar ou largar" – A clássica postura de "esta é minha oferta final".

Estratégia de contra-ataque:

- Amplie o leque de possibilidades. "E se fizermos um acordo ainda melhor?"
- Especifique exatamente o que está sendo negociado. "O que está acertado então? Preço? Quantidade? Prazo?"
- Aceite os termos... mas com restrições. Diga ao outro lado que está disposto a aceitar o que está sendo proposto desde que eles aceitem o que for importante para você.
- Ignore a estratégia deles. Às vezes ignorar as ameaças do "pegar ou largar" elimina seu impacto.

4. Tática dos "Falsos prazos" – A pessoa (ou o grupo) gera pressão arbitrária, mas que parece real, para obrigá-lo a tomar uma decisão rápida que nem sempre é a melhor para você.

Estratégia de contra-ataque:

- Pergunte qual é a causa. "Por que esta pressão tão grande quanto a prazos? Há algo que vocês possam fazer para melhorar isso?"

- Determine o que irá acontecer quando o prazo vencer. "E se não conseguirmos concluir tudo nesse tempo?"
- Sugira um acordo. "E se vocês me derem mais tempo e eu retornar com uma proposta ainda mais vantajosa?"

5. Tática de "Passivo-agressivo" – No meio da "negociação", a pessoa pára de argumentar e se fecha. É uma espécie de sabotagem. Com essa inércia proposital ela pode levar você a aceitar os termos propostos, ainda que não sejam de seu agrado.

Estratégia de contra-ataque:

- Devolva o problema a quem o criou. Pergunte: "O que você faria se estivesse em meu lugar?" Perguntas desse tipo colocam o outro lado contra a parede e dão a você a possibilidade de negociar sem ter de revelar muito sobre suas estratégias.
- Use o silêncio a seu favor. Evite quebrar o silêncio da conversa por constrangimento e acabar aceitando aquilo que não deseja. Diga algo do tipo: "Fiquem à vontade. Não precisamos resolver isso com pressa".
- Pressione para obter datas e prazos. Caso sinta que o outro lado está prolongando demais o diálogo para que você perca a paciência e faça concessões, assuma uma posição firme, estabeleça prazos e exija seu cumprimento.
- Pergunte "o que será preciso fazer?" Em vez de tentar descobrir como agradá-los, faça-os se comprometer perguntando: "O que vocês querem para chegarmos a um acordo?"

6. Tática da "Expressão de surpresa" – Faça uma oferta. Diante dela, a pessoa reage com uma expressão facial exagerada com a intenção de fazê-lo questionar o que acabou de dizer. É como se

estivesse dizendo "você deve estar brincando" ou "desta vez você passou dos limites".
Estratégia de contra-ataque:

- Repita a oferta. O outro lado está esperando que você reaja. Mas, se mantiver a calma, eles irão perceber que a estratégia não está funcionando e provavelmente irão desistir.
- Pergunte o que realmente esperam de você. Se fizerem uma proposta, você poderá avaliar e estabelecer os limites da negociação. Se a oferta for algo impossível ou mesmo ridículo, você não precisará mais perder seu tempo.
- Levante-se e caminhe. Diga que os dois lados estão tão distantes de um acordo que não há razão para continuar. Se permitirem que você continue caminhando pela sala é porque não há mesmo possibilidade de negociação. Mas, se lhe pedirem para sentar-se, isso é sinal de que ainda vale a pena continuar a discussão.

7. Tática do "Silêncio" – A pessoa cria "espaços" propositais no diálogo, levando-o a falar mais do que o necessário para preencher os minutos de silêncio constrangedor, revelando mais informações do que desejava ou a se contradizer.
Estratégia de contra-ataque:

- Fique em silêncio também. Você não tem de responder imediatamente, por isso leve o tempo que precisar para pensar enquanto o outro lado faz o mesmo.
- Faça uma pergunta. Algumas pessoas acham que, quando se está em silêncio, o primeiro a falar perde a razão. Mas não é bem assim. Perguntar algo como "você precisa de mais tempo para pensar?" pode mudar o rumo da situação.

- Puxe conversa com o outro. Se estiver negociando com mais pessoas e uma delas se calar, experimente perguntar a outra qual é sua opinião e incite todos a responder.

8. Tática de "Desviar o assunto" – A pessoa enfoca detalhes sem importância como se fossem os aspectos principais da questão para distrair sua atenção daquilo que é realmente importante.

Estratégia de contra-ataque:

- Peça explicações. Forçar o outro lado a explicar o motivo de meros detalhes serem tão importantes pode fazer com que deixem de ser.
- Concentre-se. Mantenha a mente focada nos assuntos mais importantes e não deixe que os detalhes o distraiam. Quando um acordo tiver sido estabelecido, o outro lado irá perceber que não adianta mais usar a mesma tática.
- Estabeleça prioridades. Pergunte quais concessões eles estão dispostos a fazer, se você concordar em discutir os aspectos menos importantes que tanto insistem em apresentar.

9. Tática de "Comportamento inadequado" – O outro lado apresenta, sem qualquer motivo aparente, comportamento estranho e inadequado para a situação, com o objetivo de distraí-lo do assunto principal.

Estratégia de contra-ataque:

- Esteja preparado. Pesquise antes sobre a pessoa para determinar se esse tipo de comportamento é algo já esperado, de maneira que você possa se manter calmo e inalterado caso algo estranho venha a ocorrer.

- Lembre-se de que é apenas um negócio que você está realizando. O comportamento inadequado de uma pessoa não deve ser levado para o lado pessoal e não é desculpa para que se façam concessões.
- Envie um representante. Caso sinta que não vai conseguir negociar diretamente com a pessoa, envie um representante para conversar com ela em seu lugar.

10. Tática dos "Detalhes" – Vocês parecem ter chegado a um acordo. Mas na última hora ele (ou eles) resolve(m) adicionar um pequeno detalhe à negociação. E depois outro, e mais outro...
Estratégia de contra-ataque:

- Invente detalhes também. Ao perceber que você também está disposto a mencionar detalhes, o outro lado muito provavelmente irá desistir da tática.
- Anote. Mantenha um arquivo de tudo o que for discutido. Caso o outro lado queira discutir detalhes que não tinham sido mencionados, mostre aqueles que você também gostaria de colocar em pauta.
- Pergunte se os detalhes são mesmo tão importantes a ponto de impedir a negociação. Force o outro lado a admitir que eles não são tão importantes assim.

11. Tática do "Local estratégico" – O outro lado escolhe um local para a negociação que deixa você em desvantagem por ser desconfortável, muito longe, sem recursos etc.
Estratégia de contra-ataque:

- Mude de local. Insista em fazer a reunião em um local mais condizente.

- Mude de posição. Simplesmente não se sente na cadeira mais baixa ou de frente para uma fonte de luz ofuscante caso a ofereçam.
- Mude o horário. Ter mais tempo sempre lhe permitirá estar mais bem preparado.

12. Tática da "Conspiração" – Você está negociando com uma pessoa, mas de repente ela traz mais alguém. Agora são dois contra um e você se sente em desvantagem.

Estratégia de contra-ataque:

- Descubra quem é o "mais fraco". Se alguém do grupo parecer estar ao seu lado ou pelo menos não se opuser tão firmemente às suas opiniões, concentre sua atenção e seu discurso nela.
- Faça com que eles se comprometam; não você. Se o outro lado estabelece que mais de um indivíduo irá tomar as decisões para tentar intimidá-lo, procure fazer com que elas sejam tomadas na hora para que eles não tenham tempo de se reunir e modificar o que foi estabelecido em reunião.
- Ignore o resto do grupo. Concentre o diálogo em apenas uma pessoa para que o grupo não o bombardeie de todos os lados.

13. Tática de "Informações surpresa" – Quando você acha que tem todas as informações em mãos, o outro lado apresenta mais algumas, pegando você de surpresa.

Estratégia de contra-ataque:

- Faça uma pausa. Reduza a velocidade do processo. Se novas informações estão sendo apresentadas, peça um tempo para

analisá-las antes de tomar decisões. Pergunte o que pode acontecer se uma decisão não for tomada imediatamente. Se tiver de dar uma resposta imediatamente, diga não, mas que poderia responder sim se tivesse mais tempo para pensar.
- Revise todos os aspectos já discutidos. Discutir novamente todos os itens ao perceber que uma nova informação está sendo introduzida pode ajudar a fortalecer ou mesmo a consolidar a posição que você já havia estabelecido.

14. Tática do "Confie em mim" – As pessoas tentam convencê-lo a fazer concessões prometendo compensá-lo no futuro.

Estratégia de contra-ataque:

- Estratégia inversa. Ao invés de aceitar as promessas deles inverta a situação pedindo que suas exigências sejam aceitas primeiro e depois "conceda" o que eles pedem.
- Peça algo que possa ser realizado imediatamente: "Muito bem. Que parte do acordo podemos fechar e colocar em prática neste momento?"

15. Tática da "Cortina de fumaça" – Ofuscação proposital. O outro lado faz com que os fatos pareçam confusos para que você se perca ou que, ao falar novamente com eles, não tenha mais certeza de como está a situação.

Estratégia de contra-ataque:

- Esclareça. Dê uma resposta bem prolixa, resumindo as informações principais que deseja obter.
- Repita a mesma pergunta. Espere pacientemente que terminem seu discurso incoerente e diga: "Entendo, mas ainda gostaria de saber..."

- Peça que apresentem sua proposta de maneira direta e sucinta. Repasse todas as informações para se certificar de que estejam corretas e de que não há armadilhas escondidas.

16. Tática da "Negação" – O outro lado simplesmente nega ter concordado ou dito alguma coisa para negociar novamente e obter vantagens.

Estratégia de contra-ataque:

- Identifique os "pontos não esclarecidos". Ao identificar os pontos obscuros sem acusar o outro lado de estar tentando enganá-lo, você desarma emocionalmente a tática.
- Rediscuta o que foi acertado. Se o outro lado nega ter concordado com alguns dos pontos da negociação, traga à tona outros que também foram acertados.

17. Tática do "Blefe" – O outro lado lhe diz algo que pode ou não ser verdade e você desconfia.

Estratégia de contra-ataque:

- Peça provas documentadas. Na ponta do lápis. Diga ao outro lado que você precisa ver a proposta por escrito para se certificar de que os termos são os mesmos que foram acertados verbalmente. Use a falta de autoridade a seu favor: "Preciso levar estes documentos a meus sócios para que possamos rever a situação".
- Peça explicações. Isso pode fazer com que o outro lado fique inseguro e com medo de que você perca o interesse pelo negócio.
- Afaste-se. Às vezes a melhor maneira de descobrir se o outro lado está mentindo é se afastar... mas deixe sempre

uma porta aberta dizendo: "Não há como continuarmos a negociar desta maneira. Mas se algo mudar sintam-se à vontade para me procurar".

18. Tática de "Mudanças em contrato" – A outra parte faz modificações no rascunho do contrato que já foi estabelecido, adicionando informações com as quais você não havia concordado.
Estratégia de contra-ataque:

- Faça também um rascunho do contrato. Assim, a outra parte terá de refutar os termos de seu rascunho ao invés de você ter de refutar os deles.
- Redija um memorando antes de preparar o contrato. Dessa maneira, ambas as partes terão de chegar a um acordo de maneira clara antes que advogados redijam o documento final em linguagem técnica.
- Adiante-se aos advogados. Entre em contato com a outra parte para reiterar os pontos acertados antes que os advogados o façam e iniciem uma batalha.
- Personalize a comunicação. Antes de entrar na batalha de contratos, pegue o telefone e fale diretamente com a pessoa com quem você negociou.

19. Tática de "Mudança de idéia" – A outra parte muda a proposta, repentina e propositadamente, para forçá-lo a aceitar suas condições na última hora.
Estratégia de contra-ataque:

- Use uma hipótese. Pergunte: "*Se* sua diretoria aceitasse a proposta, vocês continuariam a negociação?" Se disserem que sim, muito provavelmente você está no caminho certo.

- Sugira que sejam feitas concessões mútuas. Isso dá ao outro lado a chance de retribuir a gentileza e não apenas tentar obter vantagens unilaterais.
- Mantenha o foco no progresso já obtido. Mesmo que haja certo nível de frustração no momento, propor uma avaliação dos progressos obtidos pode evitar que a outra parte desista da negociação.

20. Tática de "Concessões monetárias" – Sugestões ou pedidos da outra parte para que você: a) revele seu preço e/ou b) reduza-o de modo que ela possa convencê-lo de que você fez uma oferta.

Estratégia de contra-ataque:

- "Vamos falar de valores." Diga à outra parte que gostaria de pensar com mais calma sobre o assunto para chegar a uma opinião mais realista. Se não for possível, tenha em mente uma média mais baixa de valores para não acabar fazendo um mau negócio.
- "Faça uma oferta melhor." Responder algo do tipo "Quanto exatamente você tem em mente?" força o outro lado a especificar uma faixa específica de valores para que você possa avaliar a situação antes de se comprometer.
- "Divida o preço." Experimente propor uma "divisão de valores" e dê continuidade à negociação a partir deste ponto.

CAPÍTULO 13

O DINHEIRO FALA MAIS ALTO
Como administrar o confronto com pessoas muito difíceis

A DIFERENÇA ENTRE PARECER E SER REALMENTE UMA PESSOA DIFÍCIL

PARA AS PESSOAS SIMPLESMENTE DIFÍCEIS USAR SEU PODER NÃO É MERA estratégia e sim uma questão de honra. Faz parte de sua personalidade. Esta é a principal diferença entre elas e as que se tornam difíceis em situações de estresse e as estrategicamente difíceis, que podem agir dessa maneira eventualmente, mas não são, em essência, pessoas difíceis.

Pessoas simplesmente difíceis não são influenciadas pela situação em que se encontram, pelo ambiente, pelas circunstâncias, pela pressão, pelas forças externas, pelas notícias desagradáveis, por estresse ou por oscilações de humor. E também não têm estratégias específicas, aquelas cirúrgica e juridicamente eficientes, muito ao contrário. Pessoas simplesmente difíceis são apenas e simplesmente difíceis.

Não exercem poder; consideram-se o poder em pessoa. São consideradas "malucas", pois manifestam seu comportamento de maneira totalmente irracional e arbitrária por meio de punições e atitudes aleatórias, sem se preocupar com conseqüências, tudo isso apenas para demonstrar seu poder. "Tenho poder e vou usá-lo", dizem.

Adoram mostrar que estão no comando, acima de todos. São realmente pessoas muito difíceis. Sentem imenso prazer em gritar, atirar objetos, ameaçar e agir como tiranos e *bullies* despóticos!

Para lidar com pessoas simplesmente difíceis você precisa entender de poder tanto quanto elas. A única diferença é que não irá abusar dele.

VOCÊ TEM MAIS PODER DO QUE IMAGINA

Antes de explicar como lidar com pessoas simplesmente difíceis, é importante ressaltar que as pessoas têm mais poder do que imaginam. Mas, como não têm consciência disso, acabam desistindo facilmente. Poderiam neutralizar facilmente as pessoas difíceis se aprendessem a analisar mais profundamente as situações em que se colocam e reconhecer seu próprio poder. Eleanor Roosevelt disse certa vez: "Ninguém pode fazer com que te sintas inferior sem o teu consentimento". Embora a frase "você tem mais poder do que imagina" tenha se tornado lugar-comum, ela é bem verdadeira. O segredo está em identificar e aprender a usar esse poder.

MANUAL PRÁTICO DE COMO LIDAR COM PESSOAS SIMPLESMENTE DIFÍCEIS

Pessoas simplesmente difíceis utilizam seu poder de maneira cruel e indiscriminada. Conseguem criar uma atmosfera insuportável e perigosa. Portanto, para controlar e administrar o confronto com elas:

1. Entenda de onde vem o poder delas.
2. Descubra seu próprio poder para enfrentá-las à altura.
3. Transmita a elas uma mensagem clara e direta.

Para fazer isso desenvolvemos um método em três etapas que batizamos de "O ABC do confronto":

Averiguar a fonte do poder – Para controlar melhor o confronto, é preciso identificar a fonte do poder de um indivíduo simplesmente difícil. É um passo vital para que se possa estabelecer uma estratégia e neutralizá-lo.

Equilibrar o poder – Toda forma de poder tem uma fonte e também um elemento que pode contrabalançá-lo. Identificar esse elemento em vez de simplesmente contra-atacar pode ajudar a "nivelar melhor o campo de batalha".

Deixar claro quais podem ser as conseqüências – Na maioria dos confrontos, definir um estilo e estabelecer boa comunicação são elementos tão importantes quanto as informações transmitidas. Embates e disputas de poder "cara a cara" quase sempre terminam em desastre. Para evitar que isso aconteça, é preciso deixar claro para o outro lado que você também tem poder e quais as conseqüências que um embate desse porte podem ter.

Não se engane: controlar o confronto com uma pessoa simplesmente difícil é um desafio. Mas com um pouco de prática tudo pode ser contornado e os resultados são sempre melhores do que quando se deixa a situação terminar em debates e discussões sem fim.

AVERIGUAR A FONTE DO PODER

O primeiro passo para contornar o confronto com uma pessoa simplesmente difícil é determinar exatamente qual a fonte de seu poder. Normalmente nos sentimos intimidados por ele e entramos, automaticamente, em um estado de "fuga ou luta". Para evitar esse erro, ao nos confrontarmos com pessoas que suspeitamos ser simplesmente difíceis, é preciso deixar que nosso lado racional administre a situação para evitar reações emotivas. Portanto, tente pensar com frieza sobre o assunto, analise e pergunte a si mesmo qual a fonte de poder dessa pessoa. O simples fato de propor a questão faz com que nossa mente entre em processo de análise, "neutralizando nossas emoções". Esse é o primeiro passo para começar a vencer a pessoa simplesmente difícil. É preciso "entender o poder" antes de "lutar contra ele".

Alguns especialistas, nesse tipo de análise, identificaram e classificaram teorias do tipo "As 48 leis do poder" ou "Os 12 principais tipos de poder", todas similares e muito eficazes. Mas queremos crer que a maior parte dos desafios na vida é menos complicada do que parece. Conseqüentemente, os métodos para lidar com as pessoas simplesmente difíceis devem ser simples. Acreditamos que praticamente todo tipo de poder tenha sua origem não em 48, 12 ou 100 fontes ou regras, mas em apenas três:

- O poder da autoridade
- O poder da punição
- O poder dos recursos

A maioria das pessoas simplesmente difíceis possui uma ou mais dessas fontes de poder. Por exemplo: alguém pode ocupar uma posição de autoridade mas não ter os recursos que lhe possibilitem exercê-la. Pode ter recursos que lhe dêem poder, mas não ter a possibilidade de punir faltas alheias, o que acaba por limitar sua autoridade. É importante analisar a existência das três fontes separadamente e em conjunto.

Fonte: O poder da autoridade

Existe o conceito generalizado de que pessoas em posição de autoridade têm muito poder. Espera-se que um chefe tenha poder sobre os empregados, que a polícia tenha poder sobre os cidadãos, que o médico tenha poder sobre os pacientes e que um pastor tenha poder sobre a congregação. Na maioria das situações, a sociedade considera perfeitamente normal conferir a essas pessoas certa dose de poder. É uma questão de necessidade (e de eficiência) em uma sociedade tão complexa. Quando um policial acende o farol alto de seu carro e liga a sirene, espera-se que os motoristas diminuam a velocidade e estacionem. Quando um médico prescreve um medicamento, é normal os pacientes confiarem em seu conhecimento técnico e em suas recomendações. Quando um líder religioso pede aos congregados que orem uns pelos outros, eles normalmente seguem suas instruções. Quando um chefe pede a um funcionário que fique até mais tarde para terminar um projeto importante, ele normalmente aceita sem questionar.

Os problemas surgem quando uma pessoa simplesmente difícil abusa de seu poder de autoridade. Alguns exemplos: um policial que toma a lei em suas mãos, como vemos acontecer em tantos filmes e noticiários em que pessoas são brutalmente espancadas; um médico que promove determinados tipos de tratamento ainda sem comprovação científica; um líder religioso que incita pessoas ao suicídio coletivo; um chefe que usa de seu poder e influência para assediar sexualmente seus funcionários e etc.

Mas o poder da autoridade não se restringe a práticas óbvias como as de líderes políticos e militares (de Rasputin a Hitler, de Idi Amin a Saddam Hussein). Ele existe sempre que é conferido a um indivíduo em especial. O desafio consiste em enfrentar uma autoridade "investida" de poderes, como um policial em um uniforme e com distintivo, um médico em suas vestes brancas, um juiz em sua toga, um pastor atrás do púlpito, ou um título e a sala de um chefe e executivo. Para que uma sociedade funcione, é preciso acreditar que as pessoas em posição de autoridade estejam utilizando de maneira adequada o poder que lhes foi confiado. Contudo, as histórias seguintes mostram casos em que o poder da autoridade se torna fonte de abuso.

Policiais, médicos, reverendos e CEOs

Bull Connor, comissário de polícia do Alabama (Birmingham), usou em 1963 mangueiras contra incêndio e cães policiais para conter uma manifestação pacífica por direitos civis. Connor não foi punido porque era uma autoridade.

Em março de 1991, quatro oficiais de polícia da região centro-sul de Los Angeles perseguiram o veículo de Rodney King, fizeram com que parasse e bateram nele, e em outro passageiro, 56 vezes com cassetetes, e depois os chutaram seis vezes, causando 11 fraturas de crânio e danos aos rins. Alguns cidadãos assistiram à cena e confirmaram se tratar de policiais.

Jim Jones, líder fundamentalista, reuniu seus seguidores em um templo de quatro mil acres em uma selva em Jonestown (Guiana) em 1978 e persuadiu mais de 900 deles, incluindo 200 crianças, a ingerir uma bebida envenenada e cometer suicídio em massa. Todas aquelas pessoas seguiram suas ordens porque o consideravam seu líder religioso.

Em 2001, o doutor Thomas Theodore, de Forestdale, em Massachussetts, foi acusado de nove crimes de fraude e de violar três vezes o Código de alimentos, drogas e cosméticos norte-americano, além de ter sido sentenciado a 121 meses de prisão e a pagar uma multa de 1,5 milhão de dólares às suas vítimas. As evidências mostram que Theodore e outro executivo convenceram investidores a lhes dar dois milhões de dólares afirmando terem descoberto uma droga que poderia curar o câncer (chamada LK-200), mas que não haviam obtido apoio do FDA e teriam de produzi-la no exterior. Na verdade, tratava-se de um medicamento que não era novo, não foi produzido fora dos Estados Unidos e já tinha sido testado sem resultados positivos no tratamento de câncer. Os investidores confiaram no doutor Theodore principalmente porque ele era um médico.

Em 1972, durante a presidência de Richard Nixon, cinco homens (um deles fazia parte do comitê de reeleição) invadiram a central do Comitê democrático nacional no condomínio Watergate, em Washington D.C., à procura de segredos de campanha. Por que seguiram ordens para fazer isso? Porque acreditavam que vinham, direta ou indiretamente, do homem mais poderoso da América (ou do mundo inteiro), o presidente dos Estados Unidos.

Entre o final dos anos 90 e início da nova era, ícones do mundo dos negócios como Jeffrey Skilling da Enron, Martin Grass da RiteAid e John Rigas da Adelphia Cable, estabeleceram esquemas duvidosos e procedimentos não-ortodoxos com relação a ações e ao mercado para gerar números falsamente positivos com relação às suas empresas, gerando lucros pessoais. Os membros das diretorias dessas companhias concordavam em participar dos esquemas porque também eram "chefes".

Equilibrar o poder

Se uma pessoa simplesmente difícil está usando o poder da autoridade contra você, a próxima pergunta a fazer é: "Como equilibrar o poder entre nós?" A boa notícia, como já mencionamos, é que ao avaliar a situação de maneira racional você já iniciou o processo.

Pessoas simplesmente difíceis usam o poder da autoridade para encerrar discussões antes mesmo de elas iniciarem. Todos os que interagem com elas se sentem tão intimidados por sua posição ou título que não ousam sequer pedir aquilo que desejam. Por exemplo: muitos contadores podem se calar se o diretor financeiro lhes diz que não há motivo para desconfiar de que as contas da empresa sejam discrepantes. Moradores de um bairro preocupados com a poluição provavelmente não insistiriam em afirmar haver algo errado se o departamento de fiscalização da prefeitura afirma que "os níveis de poluição estão dentro de limites aceitáveis". Muitos pacientes deixam de procurar uma segunda opinião, mesmo quando não sentem melhora, porque seus médicos lhes disseram para prosseguir com o tratamento.

Por sorte muitas pessoas questionam a autoridade e se recusam a desistir ou aceitar somente porque alguém aparenta ter "todas as respostas". Lembra-se do CEO que utilizou seu poder de maneira ilícita? Veja o que aconteceu a um desses chefes.

O DÉSPOTA DA FARMÁCIA
A RECEITA DO DESASTRE

Descontente com seu pai, CEO da cadeia RiteAid, Martin Grass o manipulou até tirá-lo da posição para então assumi-la (pouco tempo antes havia usurpado a posição do próprio irmão). Uma vez assumido o cargo, não ouvia mais ninguém (exceto sua equipe de bajuladores). Começou a construir novas lojas e a abandonar as antigas, desperdiçando fortunas em campanhas publicitárias e a comprar outras cadeias. Justificava tudo se gabando de sua genialidade, afirmando estar gerando lucros recordes para a empresa.

No entanto, os números em seus relatórios financeiros eram falsos. E começaram a aparecer aqui e ali. Eram caixas que não batiam, omissões, erros e manipulação explícita de dados. Como se tratava de uma empresa pública, os acionistas começaram a questioná-lo. Mas

Grass os desafiou. Achava que não tinham o direito de questionar sua autoridade. Era sua empresa, que havia herdado honestamente de seu pai.

Mas quando conseguiu ludibriar os acionistas foi o governo que pediu explicações. Ele desafiou o governo também, recusando-se a permitir que seu caixa fosse examinado. Alguns funcionários começaram a admitir que as coisas não estavam indo bem. Grass os demitiu. Sentia-se o todo-poderoso. Mesmo com os negócios indo mal nada parecia detê-lo. Ou pelo menos era a imagem que ele passava aos membros da diretoria e aos seus subalternos.

Um dia, porém, o castelo de cartas começou a desmoronar. Os acionistas e as comissões de vários departamentos passaram a:

1. Averiguar a fonte de seu poder. Examinaram seu título corporativo, suas atitudes e seu estilo intimidador.
2. Equilibrar seu poder. Reuniram as ações públicas, que eram em número muito maior que as de Grass, além dos reguladores das normas dos títulos de câmbio e os funcionários que não estavam contentes em participar de seu regime de trabalho e...
3. Deixar claro quais seriam as conseqüências, ou seja, que a rede inteira acabaria entrando em falência. Caso ele não cooperasse, teria de enfrentar as leis, a perda de poder, as multas e até a possibilidade de ser preso.

Grass ignorou as conseqüências e seu poder acabou desmoronando. A diretoria e até os membros de sua família votaram a favor de sua saída (seu pai e seu irmão haviam deixado, há tempos, de ser seus aliados). O governo o levou a juízo. Mas, em vez de aceitar o veredicto, ele se rebelou. Resultado: foi acusado de conspiração, fraude e obstrução da lei e condenado à prisão.

Embora seja uma história com final feliz, trata-se mais de exceção do que regra. A maioria das pessoas enxerga as outras como autoridade e não se considera capaz de questioná-las. Mas pesquisas mostram que a maneira mais eficaz de equiparar seu poder ao de uma autoridade é questionar.

"Por que você afirma isso?"
"Tem certeza?"
"O que lhe dá tanta segurança?"
"Quais são as alternativas?"
"Todos concordam com você?"
"Já pensou que pode haver outros pontos de vista com relação a esta questão?"
"Mas, e se não fizermos aquilo que você quer?"
"O que os especialistas na área dizem?"

Mas, infelizmente, na maioria das vezes questionar o poder da autoridade não é suficiente. Como já dissemos, a maioria das pessoas simplesmente difíceis tem mais de uma fonte de poder. Mesmo que consiga equiparar seu poder ao dela, você ainda terá de enfrentar o poder da punição.

Fonte: O poder da punição

Em essência, o poder da punição é o de tirar de outra pessoa algo que lhe pertença ou que ela mereça. Um cliente pode punir os vendedores cancelando um grande contrato. Um supervisor ou gerente pode punir um subordinado cortando ou deixando de pagar sua comissão. Um pai pode punir o filho adolescente proibindo-o de usar o carro da família. Um chantagista pode ameaçar revelar (ou descobrir) os segredos de alguém. Uma nação poderosa pode cortar suprimentos de combustível, apoio militar ou empréstimos a outra mais pobre a menos que ele se comprometa a seguir sua política. Em alguns casos as pessoas simplesmente difíceis conseguem tudo o que querem devido à má reputação que possuem. O medo, baseado em experiências anteriores, pode ser suficiente para fazer com que as pessoas se sintam intimidadas a cooperar ou a desistir em vez de lutar por aquilo que desejam. Veja a história de como esse medo do que pode acontecer resultou em um comportamento de alto desempenho.

O CAMPEONATO DE HOTELARIA

Alguns dias antes do final do campeonato de beisebol de 1994 nós, que estávamos nos bastidores dos jogos, sabíamos que embora ainda não tivesse sido anunciada, uma greve estava para acontecer e que iria causar muito prejuízo. Na tentativa de discutir as reivindicações e encontrar alternativas para evitar que a greve ocorresse, diversos proprietários de clubes, executivos e empresários de jogadores decidiram se reunir. O esporte era nosso meio de vida e também nossa paixão. Vivíamos, literalmente, para o jogo. Queríamos que o campeonato continuasse de qualquer jeito. Era um momento crítico e delicado. Sabíamos muito bem quais eram as implicações de nossas decisões naquela reunião.

George Steinbrenner, proprietário do New York Yankees, ofereceu o espaço em seu hotel em Tampa, na Flórida. Sua reputação de ser rico e de contratar somente os melhores jogadores é notória. Steinbrenner é conhecido por só aceitar vitórias e demitir sumariamente todos os que não dão o máximo de si. É um homem inconstante e viciado em competição que se tornou uma verdadeira lenda, personagem de todos os jornais e da mídia. Mas onde termina o mito e começa a realidade ninguém sabe dizer. Só o que se sabe é que tudo isso contribui muito para o sucesso dos Yankees. Pessoalmente (assim como várias pessoas que conheço) o considero uma pessoa fantástica.

Naquela reunião antes da greve George foi perfeito. Sua hospitalidade era de primeira classe, assim como sua generosidade. Sua sensibilidade e consideração para conosco era oposta à sua fama de alguém que punia a todos com rigor. Jamais conheci esse seu lado tirano. Como empresário, representando jogadores que ele queria e dos quais precisava, podia neutralizar seu poder de punição. George Steinbrenner foi o anfitrião perfeito naquele dia.

Entretanto não podíamos deixar de observar certo nervosismo nos funcionários do hotel enquanto desempenhavam suas tarefas. Cada um deles que entrava na sala de conferências deixava um rastro de tensão. Tinha uma maneira delicada e temerosa de se dirigir a ele: "Perdão, senhor Steinbrenner...", "Desculpe-me pela interrupção", "É isso que o senhor deseja?" ou "Algo mais, senhor?" A ansiedade era palpável. Eles pareciam tremer e suar. Era pleno verão na Flórida, mas o ar-condicionado estava bastante frio. Ainda assim os funcionários pareciam suar em bicas. Era como se soubessem de cor ou por experiência própria que o senhor Streinbrenner esperava nada menos que excelência em serviços e que punia severamente a todos os que falhavam. Se não hesitava em demitir treinadores e pessoas influentes na área, o que não faria com um simples atendente do hotel? Para os funcionários, lidar com ele era mais difícil que vencer um campeonato. Tinham de desempenhar com perfeição seu trabalho, caso contrário...

Era o tipo de poder de punição que não necessitava de prática, bastava a fama. Espalhava-se pelo ar, afetando o desempenho por si só. Cada funcionário (assim como um jogador de beisebol) que entrava na sala teria apenas uma chance. Poderia sobreviver ou ser descartado. Era como um *homerun*: podia ser perfeito ou falhar. E havia sempre outro funcionário na fila esperando ansiosamente para tomar seu lugar e mostrar todo o seu potencial.

Parece exagero? Sim. Mas lembre-se de que estamos falando de um mito do beisebol; uma lenda tão poderosa quanto a realidade.

Capítulo 13 | O dinheiro fala mais alto

Então lá estávamos, proprietários, empresários e executivos estudando exaustivamente todos os aspectos econômicos, psicológicos e comerciais que pudessem evitar a greve. E também observávamos a dinâmica do poder da punição determinando o comportamento daqueles funcionários, fosse por ameaças, medo ou simplesmente pela reputação do dono do hotel.

Ao final, não conseguimos evitar que a greve ocorresse. Mas veja o que aconteceu ao final daquele ano: Buck Showalter, o presidente do Yankees, que havia sido presidente do ano na greve de 94, levou o time ao segundo lugar em 95. Foi demitido e substituído por Joe Torre na temporada de 96, em que o Yankees foi o vencedor da Série mundial. E não seria surpresa se, nao final de 95, bons (mas não tão bons) funcionários do hotel fossem substituídos por outros ainda melhores para o ano de 96.

Será que George Steinbrenner é tudo isso que se diz? Será que o poder de punição funciona realmente? Sim. E como neutralizá-lo? É o que mostraremos adiante, logo após apresentar o poder da punição premeditada.

Estratégia das pessoas simplesmente difíceis: O poder da punição é normalmente premeditado. Muitas pessoas simplesmente difíceis planejam sua estratégia de punição bem antes de um confronto. Criam uma armadilha oferecendo algo a suas vítimas e, em seguida, ameaçando tirar o que lhes deu. Esta estratégia de "tirar o que foi oferecido" é eficaz porque a maioria das pessoas reage de maneira negativa quando isso lhes acontece. "Espere aí! Isso é meu. Você já tinha concordado em me dar. O que eu posso fazer para que você não tire de mim?"

Um de nossos clientes descreveu a maneira como utilizava esta técnica, a que chamava "engravidá-los". Prometia qualquer coisa para que o outro lado concordasse em fazer negócio e quando sentia que havia conseguido (que o outro lado havia "engravidado" de suas idéias e promessas) começava a obter concessões retirando o que havia oferecido. Descobriu que as pessoas se consideram donas e se apegam de antemão a tudo o que lhes é prometido, dispondo-se até a desistir de outras coisas que desejam para manter aquilo que acham que já é seu. Aprendeu então a negociar dessa maneira, pois percebeu que não perdia nada além do que já havia dado e fechava negócios lucrativos. Dizia que era como jogar em Las Vegas com o dinheiro dos próprios cassinos.

Como equilibrar o poder da punição

A maneira mais eficaz de equilibrar o poder da punição é criar uma alternativa. É muito difícil punir alguém que escapa à punição ou encontra alternativas para não sofrê-la. E se você não tivesse de conviver com pessoas que têm poder sobre você? Se não tivesse de trabalhar para aquele chefe insuportável? Ou, melhor ainda, se tivesse o poder de punir aqueles que o maltratam? Isso é equilibrar o poder da punição.

Claro, não é necessário ter controle total sobre o tirano. Basta ter a habilidade de escapar à sua influência ou de reverter a situação e talvez até vir a puni-lo. O outro lado tem de saber que você tem essas opções e que pode usá-las. Só isso já costuma ser suficiente para equilibrar o jogo de poder. A próxima história, a de Mark, envolve um restaurante à beira da falência e um ambiente de punição em potencial; uma situação que parece não ter solução.

PUNIÇÃO PARA DOIS
A receita do equilíbrio

Fui chamado para ajudar o dono de um famoso restaurante (vamos chamá-lo de *Le Bistro*). Os clientes de alta classe que o freqüentavam nem sequer imaginavam que o estabelecimento passava por uma situação difícil. Ironicamente o número de reservas era sempre alto, o bar estava sempre cheio e a reputação do chefe de cozinha era invejável. O problema é que o dono entendia mais de comida do que de administração. Com isso, a estrutura e o fluxo de caixa iam de mal a pior. O aluguel do imóvel era muito alto e a decoração tinha custado uma fortuna. A adega era repleta de vinhos caríssimos. Durante anos o restaurante tinha sobrevivido apenas com a infusão de capital do proprietário, que fizera empréstimo em um banco, e dos clientes/investidores que satisfaziam o estômago esvaziando a carteira.

Mas os problemas foram se acumulando a tal ponto que nem os anjos *gourmets* poderiam salvar o estabelecimento. O aluguel estava atrasado e os fornecedores não eram pagos há algum tempo. Já tinham ameaçado suspender os cortes especiais de carnes, os frutos do mar selecionados e os produtos frescos e da melhor qualidade entregues diariamente. O dono do imóvel queria receber o aluguel, o banco o dinheiro do empréstimo e os funcionários o seu salário, que também estava atrasado. Era apenas uma questão de tempo até que a notícia chegasse ao público e se alastrasse como uma praga. Havia um grupo de investidores em restaurantes nacionais interessado em adquirir o estabelecimento, mas desde que estivesse com a reputação intacta.

À primeira vista, nesse caso, todos, menos o dono do restaurante, tinham nas mãos o poder da punição. Os investidores que apostaram no negócio já não tinham interesse em continuar a gastar sem receber, o dono do imóvel estava se preparando para entrar com um processo de despejo e o banco estava pronto para cortar, a qualquer momento, o crédito concedido, o que afetaria diretamente a folha de pagamento e deixaria na rua excelentes profissionais, prontos para espalhar a notícia de que o restaurante estava falindo. E os fornecedores de carne, peixe, verduras e legumes, vinhos e sobremesas estavam para cortar o fornecimento, deixando a cozinha vazia. O grupo de investidores ainda cogitava adquirir o estabelecimento, porém, agora, pela metade do preço.

O que o dono do *Le Bistro* deveria fazer? Não era apenas uma empresa com um chefe com poderes de punição e sim um grupo de funcionários, investidores, clientes e fornecedores. Ou pelo menos é o que parecia.

Fizemos uma reunião para estabelecer uma estratégia que nos permitisse equilibrar o poder na situação. Mas será que tínhamos em mãos o poder de que precisávamos? E seria suficiente para neutralizar o deles? Haveria alguma maneira de equilibrar a situação? Se alguma das "punições" fosse efetivada, o *Le Bistro* e seu dono poderiam ser forçados a abrir falência ou sofreriam as conseqüências. Seria uma punição em vários níveis. O dono perderia o crédito no banco, o que o prejudicaria imensamente, já que também estava pagando pela casa em que residia e poderia perdê-la. Os clientes/investidores perderiam o que já haviam investido. O banco não estaria disposto a ceder. O empréstimo de dois milhões poderia custar pelo menos 400 mil a mais em juros se o processo demorasse, o que era muito provável. Seria uma perda de mais de 1,5 milhão. Os distribuidores também poderiam cobrar juros sobre o que lhes era devido, mas com certeza se recusariam a trabalhar com o restaurante novamente. Sabem que dificilmente um estabelecimento daquele tipo admite estar falindo. O mundo da alta cozinha é composto de pessoas esnobes e orgulhosas. E, quanto ao comprador em potencial, veria até com bons olhos o fato de o restaurante falir, pois poderia adquiri-lo por um bom preço. Mas será que valeria o investimento? Além disso, o estabelecimento poderia ir a leilão e então ele teria de pagar um preço muito maior. A falência era, nesse caso, uma faca de dois gumes.

Deixamos claro para o dono que abrir falência era uma opção real... a menos que se encontrasse uma saída melhor. Talvez o banco pudesse renegociar o empréstimo, aumentar os prazos para pagamento ou mesmo os juros. Quanto aos distribuidores, se lhes prometêssemos exclusividade dali por diante, poderiam perdoar a dívida existente ou negociar pagamentos a longo prazo. Outra opção era oferecer ao potencial comprador um preço razoável e pedir que adiantasse uma parte para ajudar a quitar os débitos. Se tudo isso acontecesse, o banco passaria a receber os pagamentos devidos, a qualidade dos pratos se manteria e a clientela continuaria a freqüentar o estabelecimento. Ou seja, o comprador receberia um restaurante lucrativo e com a reputação intacta.

Explicamos tudo isso às partes envolvidas e obtivemos exatamente o resultado esperado. O que aparentava ser um grande poder de punição na verdade não era. A ameaça de falência equilibrou o poder e o restaurante sobreviveu. Os investidores não foram lesados. O dono vendeu o *Le Bistro*, não ficou com o nome sujo na praça, e aprendeu uma grande lição sobre como se deve administrar um negócio... caso viesse a abrir outro restaurante.

Não estamos sugerindo com isso que se deve ceder ao blefe dos oponentes ou optar pela solução mais onerosa e sim que se deve analisar a situação sob o ponto de vista racional e prático, avaliar o potencial poder de punição dos adversários e quais as conseqüências para ambos os lados. É preciso identificar o ponto vulnerável da outra parte, o que pode afetá-la (e a você também) e quais as alternativas para escapar da situação. É muito comum acabarmos encontrando uma solução equilibrada e perceber que o problema não era tão impossível de resolver quanto imaginávamos.

"SE SENTIR QUE ESTÁ SEM ALTERNATIVAS PROCURE OUVIR UMA SEGUNDA OPINIÃO"

Claro, nem sempre as pessoas têm visão de todas as alternativas. E podem não ter habilidade ou a opção de se afastar de quem as incomoda ou de nivelar seu poder. Muitas mulheres suportam maridos que as agridem e não se separam por causa dos filhos ou por razões financeiras. Muitos empregados continuam no mesmo emprego durante anos a fio sendo maltratados por chefes cruéis por falta de alternativa. Até empresas muitas vezes têm de se contentar com fornecedores abaixo de suas expectativas por não dispor de outros mais competentes no mercado.

Se você se encontra nessa situação, e não vê alternativa ou solução, sugerimos criar um plano que possa vir a gerar possibilidades. Sabemos o que uma sugestão assim parece absurda, afinal você está no meio da tempestade e não consegue sequer imaginar para que lado correr.

Pois bem. Busque uma visão de fora, uma opinião objetiva de alguém que não esteja envolvido no problema e irá descobrir que tem mais alternativas do que imaginava. O outro lado pode ter dinheiro, mas você ter o produto, ou vice-versa. Seu conhecimento também pode ter muito valor. Ter aliados é outra vantagem, algumas pílulas de veneno são muito eficientes. Você sempre pode se afastar um pouco até que as coisas se acalmem. Ou blefar. Não são alternativas tão simples de se colocar em prática, pelo menos não em todas as situações, mas pensar em algo diferente pode ajudar e ainda é melhor do que ficar preso em uma situação imaginando não haver saída. Bem ou mal, são alternativas. É sempre complicado enfrentar uma pessoa simplesmente difícil que nos causa problemas ou perdas econômicas, emocionais ou pessoais. Mas, em vez de perder tempo reclamando, é mais produtivo tentar encontrar soluções ou alternativas para eliminar ou neutralizar o poder que ela exerce. O simples fato de pensar em alternativas viáveis já ajuda a reduzir o medo de sermos manipulados.

Fonte: O poder dos recursos

Muitas pessoas simplesmente difíceis tiranizam e manipulam as outras porque normalmente dispõem de muitos recursos. Costumam ter mais dinheiro, mais informações, mais aliados, mais prestígio, mais tempo ou mais influência que suas vítimas. A maioria das pessoas sente-se intimidada ao se defrontar com alguém ou com uma instituição com tantas características. Veja estes exemplos de empresas e pessoas de grande poder:

Entidade/Indivíduo	Poderes/Recursos
George Steinbrenner e The Yankees	Proprietário do maior e mais bem-sucedido time de beisebol dos EUA, com poderes monetários inimagináveis.
Michael Eisner e o Conglomerado Disney	Transformou os desenhos em um poderoso grupo empresarial.
Wal-Mart	O maior centro de compras do planeta.
Elvis	A maior estrela da história da música.
Coca-Cola	O refrigerante mais consumido no mundo.
McDonalds	A maior cadeia de lanchonetes.
Estados Unidos da América	A maior potência econômica/militar.

Entidade/Indivíduo	Poderes/Recursos	Os "Poréns"
George Steinbrenner e The Yankees	Proprietário do maior e mais bem-sucedido time de beisebol dos EUA, com poderes monetários inimagináveis.	Perdeu três campeonatos mundiais para o Florida Marlins, o time mais mal remunerado do país.
Michael Eisner e o Conglomerado Disney	Transformou os desenhos em um poderoso grupo empresarial.	Foi obrigado pela diretoria a se demitir.
Wal-Mart	O maior centro de compras do planeta.	Até que a Target resolveu "atacar" uma importante fatia do mercado que havia sido negligenciada.

Entidade/Indivíduo	Poderes/Recursos	Os "Poréns"
Elvis	A maior estrela da história da música.	Até a chegada dos Beatles.
Coca-Cola	O refrigerante mais consumido no mundo.	Até que a Pepsi resolveu dividir o mercado.
McDonalds	A maior cadeia de *fast-food*.	Que não foi tão rápida em lançar lanches mais saudáveis e variados como os da Subway e de outras concorrentes que acabaram tirando seus lucros.
Estados Unidos da América	A maior potência econômica/militar mundial.	Se mostrou tão vulnerável ao terrorismo que precisou da ajuda de aliados no Iraque e de suporte das Nações Unidas.

Até mesmo os gigantes são vulneráveis a quem se propõe a lutar pelo equilíbrio de poder. Cada tipo de poder tem seu oposto, que pode não ser tão óbvio ou fácil de identificar mas que, uma vez utilizado, pode neutralizar ou destruir aqueles que se julgam invencíveis. É apenas uma questão de abrir a mente e identificar os recursos que temos disponíveis.

O poder dos recursos pode ser combatido não apenas com armas iguais às que são utilizadas contra nós, mas também com as da inteligência e da imaginação.

Como equilibrar o poder dos recursos

Há duas opções para equilibrar o poder dos recursos:

1. Conseguir aliados para ter mais força.

2. Concentrar-se em seus próprios recursos.

1. Consiga aliados

As pessoas quase nunca pensam que pode haver outras fontes de força como escolas de pensamento ou indivíduos que estejam passando pela mesma situação e sofrendo com a tirania das pessoas simplesmente difíceis. Encontrar e se aliar a essas alternativas (a esses potenciais aliados) é uma maneira eficaz de equilibrar o poder.

AS 13 COLÔNIAS *VERSUS* O IMPÉRIO BRITÂNICO

> "Temos que nos unir ou, com toda certeza, iremos ser enforcados em separado."
>
> Ben Franklin disse essa frase a John Hancock no momento da assinatura da Declaração de Independência.

Existe um acordo no mundo dos negócios estabelecido entre grupos varejistas e distribuidores como o norte-americano Epic Pharmacies, que formou uma aliança para competir com cadeias como o Walgreens, o CVS e o RiteAid. E também entre alguns bancos que dividem os custos de divulgação e marketing criando uma campanha única com um astro de cinema, por exemplo, e depois adaptando a propaganda a cada estado ou região do país. Empresas aéreas também costumam aceitar milhagens acumuladas de passageiros umas das outras e muitos bancos dividem caixas eletrônicos nas ruas e em estabelecimentos. Um exemplo clássico é o dos seis astros do seriado norte-americano *Friends*, que decidiram negociar o mesmo salário para todos em vez de disputar quem iria ganhar mais e ter de ficar competindo uns com os outros. A união faz a força, especialmente em um mundo de gigantes (gigantes estes que muitas vezes são regidos por pessoas simplesmente difíceis). O princípio é o mesmo daquele utilizado nos esportes: uma equipe unida tem muito mais força que um indivíduo apenas.

E por falar em times, veja a seguir um exemplo de como funciona bem o conceito de estabelecer alianças. Michael Lewis conta, em seu livro *Moneyball* [A bolada], a história de um presidente de clube chamado Billy Beane e do Oakland As, um time sem grandes fundos monetários organizado com a finalidade de ajudar os clubes perdedores que têm condições de "comprar" atletas e campeonatos. Bem... até esses clubes encontrarem um aliado inesperado: especialistas em estatística. Como passou a maior parte da vida envolvido com o beisebol, Ron entendeu muito bem a mensagem do livro e sua proposta um tanto controversa.

QUEM SE IMPORTA COM AS ESTATÍSTICAS?
Como *Moneyball* [A bolada] modificou
padrões na liga de beisebol

Quando li *Moneyball* [A bolada], vi que finalmente alguém teve coragem de apresentar o mundo do beisebol como ele realmente é. O que eu não esperava é ver que o autor abrange conceitos muito mais amplos e iria muito além do universo do esporte.

À primeira vista, a obra conta a história do Oakland e sua estratégia nada convencional de administração. Trabalhava há muito tempo com os mesmos teóricos e especialistas em estatística, homens que não conseguiam atirar uma bola em campo, mas avaliavam o jogo como cientistas em um laboratório. Observavam as partidas com olhos frios e analíticos e conseguiam identificar todos os erros nas estatísticas usadas para prever os resultados. Afirmavam categoricamente que até mesmo o famoso método norte-americano de estatísticas de beisebol, o RBI (*runs-batted-in*) tinha falhas. Billy e seu grupo de iconoclastas insistiam em dizer que esse tipo de cálculo era baseado em probabilidades muito limitadas como, por exemplo, a chance de um jogador estar na base quando outro acertasse a bola. Mas uma coisa não tinha nada a ver com a outra. O mais importante era saber quais as chances de pontuação do time. Posições como a do batedor ou outra qualquer dependem, em termos de estatística, de determinadas situações críticas ocorrerem.

Então, estatística por estatística, Billy e seus "aliados" transformaram os jogos em um conjunto de números e prognósticos que traduzem as jogadas. Descobriram que o desempenho é muito mais importante que manobras ofensivas. Deixaram de calcular determinados pontos que não eram relevantes e passaram a calcular outros que antes eram negligenciados, mas que podiam agregar valor à estatística. Algumas jogadas podem fazer toda a diferença em uma partida.

Mas o aspecto mais importante é porque Billy Beane fez tudo o que fez. Foi para contrabalançar o poder dos recursos. Já tinha sido presidente do Oakland As, um clube com um dos menores orçamentos e folha de pagamento do país. Mas competia com clubes milionários que praticamente nem tinham limite de crédito em suas contas bancárias, capazes de comprar o passe dos melhores jogadores, pagar as maiores bonificações, os mais caros empresários e montar times invencíveis com astros do beisebol super bem pagos. Como o As poderia competir com os Yankees ou o Red Sox? E com o San Francisco Giants? Já que não havia dinheiro, a solução era usar a inteligência e encontrar jogadores espertos, que fizessem jogadas diferentes, algo que os outros times não esperassem. E conseguiram. Em 1998, ano em que Beane se tornou presidente do clube, o time ficou em quarto lugar na Divisão oeste. Em 1999 ficou em segundo e em 2000 e 2003, em primeiro. Assim, ano após ano, mesmo sem ter os salários mais altos, o time foi se destacando. Os especialistas em estatísticas percebiam que o método funcionava, começaram a ganhar dinheiro com ele e se entusiasmavam cada vez mais. A fama se espalhou tão rápido que o Boston Red Sox e vários outros times acabaram adotando um método bem parecido.

Mas como já havia mencionado, *Moneyball* vai muito além do mundo do beisebol. Conheço diversos CEOs de grandes empresas, professores de universidades de renome e até jogadores de golfe de final de semana que mudaram seu método de análise, deixando de lado antigas convenções para adotar a nova estatística, mais racional e eficaz.

Meu próprio filho, Mark Shapiro, presidente do Cleveland Indians, adotou a controversa estratégia de desmontar o time demitindo aparentes estrelas (segundo os padrões antigos de classificação) e construindo um novo grupo baseado em seus próprios critérios, não os mesmos de Billy Beane, mas igualmente revolucionários e objetivos. Mark utilizou seus aliados intelectuais para criar um novo tipo de beisebol em Cleveland. E, como pai orgulhoso que sou, posso dizer que se saiu muito bem.

2. Concentre-se em seus recursos

A maioria das pessoas sente-se intimidada ao lidar com oponentes que dispõem de mais recursos. Não é fácil enfrentar alguém de posses sem ter como brigar de igual para igual.

A melhor estratégia nesses casos é não tentar. Não se pode bater de frente com pessoas ricas quando não se tem o mesmo capital. O resultado é sempre o mesmo: o fracasso. A única saída é encontrar sua própria fonte de poder. Em primeiro lugar é preciso identificar os pontos de pressão ou vulnerabilidade do oponente. Todos têm, mesmo que não pareça. Estude a situação até descobrir quais pontos vulneráveis dele coincidem com os seus pontos fortes. Concentre então suas energias e explore todas as possibilidades, sejam grandes ou pequenas, para vencer a batalha. Por quê? Porque uma batalha bem vencida pode decidir o resultado de uma guerra inteira.

A história seguinte é uma combinação de negócios e vida pessoal que mostra como a habilidade de concentrar-se em seus próprios recursos pode neutralizar ou mesmo equilibrar o poder.

JOGADORES COM PASSE LIVRE ESTÃO SEMPRE ATRÁS DE DINHEIRO?
O EQUILÍBRIO DE PODER NA NBA[3]

Fui chamado a fazer uma apresentação para a equipe de um time da NBA sobre relações comerciais e negociação, principalmente sobre como enfrentar adversários com mais poder monetário. Ao final, o técnico do time, um dos mais respeitados profissionais da área, veio falar comigo:

– Com todo o respeito, gostaria de dizer que é muito raro ver um jogador que não esteja interessado em ganhar mais.

Embora ele tenha deixado claro que há exceções, o comentário reflete a cultura de que times que têm mais dinheiro (recursos) podem contratar os melhores jogadores.

Você pode até pensar "sim, faz todo sentido. Um exemplo disso é o Los Angeles Lakers..." No entanto, como o basquete tem um teto salarial, as negociações anuais ocorrem de maneira diferente (e também em alguns times de beisebol como o New York Yankees). Os times com orçamento menos comprometido têm mais dinheiro disponível dentro do teto salarial e podem gastar mais com jogadores de renome. Mas entendi o que o técnico queria dizer: o poder dos recursos na NBA é crucial. Não me lembro de ter visto um time com

---

3. N.B.A – *National Basketball Association*, a associação de basquete dos EUA. (Nota da Tradutora)

menos dinheiro se equiparar a outro mais abastado, especialmente quando se trata de adquirir passes de jogadores.

Isso é muito importante porque quando o treinador (que chamarei de Coach Wise) e eu tivemos aquela conversa, seu time (vamos chamá-lo de *The Family*) estava tentando recuperar um jogador (Junior) que agora tinha passe livre. O problema é que havia muitos times com teto salarial mais alto e, portanto, com mais poder de recursos (dinheiro) que o do Coach Wise. Ele não estava apenas enfrentando um adversário ou oponente com mais recursos, e sim rodeado deles. E tinha medo que a inferioridade de seu time em relação aos outros pudesse afastar os melhores jogadores. Estava revoltado com todo aquele processo.

Claro, omiti os nomes dos jogadores, do time e do técnico, afinal nunca se sabe com quem se irá trabalhar amanhã. Mas basta dizer que Junior era um jogador em ascensão, uma das estrelas do *The Family* e do campeonato mundial. Seu desempenho chamava a atenção de todos na NBA e, com certeza, seu nome seria cada vez mais comentado.

Consciente dessas condições, o *The Family* ofereceu logo de cara ao jogador um contrato de longo prazo com um aumento (bastante) significativo de salário. Só isto já teria resolvido o problema, não fosse o mercado altamente competitivo do mundo do esporte. Embora a maioria dos clubes soubesse que o jogador estava satisfeito com sua posição, logo surgiu um que representava ameaça. *The Moguls* se mostrou um competidor implacável. Tinha muitos recursos dentro da NBA e se mostrava disposto a se utilizar de todos de maneira agressiva e irracional.

The Moguls percebera rapidamente o potencial de Junior e sua habilidade para neutralizar as defesas dos outros jogadores. Então, na primeira oportunidade, fez a ele uma proposta tentando contratar seus serviços a qualquer preço. Tinha um teto salarial muito mais alto que qualquer outro e estavam dispostos a usá-lo. A mensagem para Junior era bem clara: "Estamos com os cofres abertos para você. É só entrar e se divertir".

The Family percebeu que precisava de uma estratégia melhor para rebater a oferta do oponente. Mas como lutar contra um time tão rico? Coach Wise estava começando a acreditar que "o dinheiro fala mais alto".

The Family não tinha como enfrentar *The Moguls* dólar a dólar. O time tinha muito mais poder de recursos. Era preciso encontrar uma maneira de contrabalançar este poder sem a) bater de frente e/ou b) sucumbir a ele. Foi então que surgiu uma idéia. Em vez de usar dólares como arma, Wise Coach optou por algo diferente: fez uso da única forma de poder de que dispunham, algo que os outros times não tinham. Como astro em ascensão, Junior adorava fazer parte do time, de sua comunidade e, principalmente, era grato pela oportunidade de se destacar. A união do time, o fato de terem vencido o campeonato e até o relacionamento profundo que o jogador tinha com a esposa poderiam proteger *The Family* contra o dinheiro do oponente... ou não.

Para seduzir Junior, *The Moguls* teria de oferecer todo o conjunto de valores e o tipo de relacionamento a que ele estava acostumado. Mas oferecia apenas o frio e vil metal.

Devido à pressão emocional e financeira que sofria, Junior conversava bastante com seu amigo e confidente, o presidente do *The Family*, a quem chamaremos de senhor G. Os dois haviam se tornado grandes amigos. O senhor G sempre dizia a Junior quanto ele era importante para o time e para ele também. Os dois dividiam mais que uma carreira. Junior começara sete anos antes, um desengonçado adolescente de 19 anos que jogava basquete. Com tempo e treinamento, tornou-se uma estrela do basquete. E o senhor G se tornou um grande empresário. Os dois cresceram juntos, assistindo ao sucesso um do outro. O presidente conversava com o jogador e o aconselhava não quanto a mudar ou não de time, mas a tomar decisões maduras e acertadas, lembrando que o dinheiro não é a coisa mais importante na vida. Enfatizava sempre a importância dos relacionamentos. Explicava a Junior que ele devia avaliar todos os fatores: as organizações, os relacionamentos, o potencial de crescimento, os campeonatos, o dinheiro e a felicidade de sua família.

A administração do *The Family* decidiu concentrar-se em seus próprios recursos e percebeu que se o relacionamento e a atmosfera de amizade não manteriam o jogador no time, nada mais o manteria. Como chegaram a essa conclusão? Usaram todas as oportunidades de se comunicar com o jovem e deixaram claro que reconheciam seus esforços e seu caráter. Enumeraram os benefícios de viver em comunidade, dividindo espaço e sentimentos; benefícios estes que podem ser muito maiores que dinheiro.

Além disso, o veterano do *The Family* (a quem chamaremos de Professor) desenvolveu um relacionamento próximo com Junior e, sabendo que se tratava de um jogador de passe livre, queria que ele ficasse. Telefonou para ele enquanto estava em férias somente para dizer que gostava muito dele e que sua presença no time era muito importante. Esse tipo de atitude reiterava a força e a união dos membros do *The Family*.

À medida que se aproximava o "dia da decisão", todos se colocavam à disposição de Junior para responder suas perguntas, esclarecer dúvidas e demonstrar sua vontade de que ele ficasse.

No dia fatídico, Junior tinha duas opções: 1) jogar para um time que podia lhe oferecer 70 milhões de dólares ou 2) jogar para um time que podia lhe oferecer algo em torno de 50 milhões e no qual tinha amigos de longa data, uma comunidade, uma história de vida, um futuro promissor e para o qual ele mesmo já estava deixando um valioso legado.

The Family não podia pagar os 70 milhões de dólares, apenas 50 milhões e se concentrar em seus recursos para equilibrar o poder dos *bullies Moguls*, que ofereciam dinheiro mas não todos os outros benefícios. Mas será que tanto esforço, lágrimas e suor tentando manter o jogador de um milhão de dólares valeram a pena?

Nem é preciso dizer que os *Moguls* tiveram de desenvolver um plano B (e oferecer seus dólares para outro jogador). Junior continuou sendo a estrela (e um membro da família) do *The Family* por mais seis anos. Hoje, Coach Wise tem uma visão diferente dos fatos e sabe que o poder dos recursos não tem necessariamente de ser absoluto.

Deixar claro quais podem ser as conseqüências

Uma vez você conseguiu identificar o tipo ou tipos de poder utilizado e conseguiu encontrar uma maneira de equilibrar o poder é hora de comunicar ao oponente qual é sua posição. Claro, não se pode esperar que ele aceite seus termos, mas é importante lembrar que a maneira de transmitir as informações é tão importante quanto as informações em si.

Há duas maneiras contrastantes de comunicar as conseqüências a uma pessoa simplesmente difícil:

1. O método "quente" e
2. O método "frio"

O método "quente" ou Combater o poder com mais poder

O primeiro método trata da crença que a maioria das pessoas tem de que é preciso combater o poder com mais poder. "Seja tão forte quanto o seu adversário". "Não desista". "Se alguém gritar com você, grite também". "Olho por olho, dente por dente".

Um bom exemplo é o que se vê no filme *Questão de honra*, de Aaron Sorkin.

CENA: "EU QUERO A VERDADE"
FILME: *QUESTÃO DE HONRA*

O advogado militar e tenente Daniel Kaffee, interpretado por Tom Cruise, está interrogando o condenado a prisão perpétua, coronel Nathan Jessep, interpretado por Jack Nicholson. Kaffee está tentando provar que Jessep emitiu a ordem de Código Vermelho, uma punição que causou a morte de um soldado chamado Santiago. Jessep está determinado a viver estritamente de acordo com os princípios rígidos e da moralidade impostos pelo militarismo, algo que crê não necessitar sequer justificar. Parece que será uma batalha de igual para igual. Ocorre, então, entre eles o seguinte diálogo:

– Você quer as respostas, coronel?
– Acho que tenho o direito de ouvi-las – diz Jessep.
– Você quer as respostas? – repete Kaffee.
– Eu quero a verdade! – exige o coronel, irritado.
– Você não tem capacidade para lidar com a verdade! – fala agressivamente Jessep, acrescentando: – Vivemos em um mundo cheio de paredes. Essas paredes devem ser protegidas por homens armados. Quem vai fazer isso? Você? O tenente Weinberg? Tenho mais responsabilidade do que você jamais imaginou. Você chora por Santiago e amaldiçoa a Marinha. Pode se dar ao luxo de não saber o que eu sei: que a morte de Santiago, embora trágica, provavelmente salvou muitas vidas. Não, você não quer saber a verdade. No fundo você quer me ver contra a parede. Suas palavras evocam honra, código de conduta, lealdade... usamos estas palavras quando passamos a vida defendendo algo, mas você as usa apenas como fachada. Não tenho tempo nem paciência para ficar aqui me explicando para um homem

que vive com a liberdade que eu ajudo a garantir no país e ainda ousa questionar meus métodos de trabalho! Na verdade, você deveria me dizer "muito obrigado". É mais fácil então pegar uma arma e me dar um tiro. Não estou interessado naquilo que você pensa nem no que acha ter direito de saber!

E Kaffee indaga:

– Você emitiu a ordem de Código Vermelho?

– Fiz o trabalho que você me mandou fazer.

– Você emitiu a ordem de Código Vermelho? – repete Kaffee.

– Emiti sim, e com muito prazer! – responde Jessep.

Kaffee exige. Jessep retalia. Kaffee é cruel. Jessep tem a língua ferina. Kaffee faz Jessep perder as estribeiras e tenta se mostrar mais homem e mais dominador. Jessep confessa. Ainda assim não se pode dizer qual dos dois é mais forte, mais poderoso ou mais determinado.

O método "frio" ou Calmo e controlado, mas poderoso

Algumas situações exigem uma atitude mais rigorosa como a descrita acima. Mas este segundo método, que recomendamos sempre, envolve uma atitude mais fria e calculada. Mantenha a calma, a autoconfiança e estará no comando. Informe o outro lado que você está equiparando o seu poder ao dele, mas faça-o de maneira muito clara para que ele pense nas conseqüências de seus atos.

Vamos a outro exemplo: uma cena do filme *Impacto fulminante*.

CENA: "VOCÊ ACHA QUE ESTÁ COM SORTE?"
FILME: *IMPACTO FULMINANTE*

Dirty Harry, interpretado por Clint Eastwood, está perseguindo um bandido que tentou matá-lo. Por fim consegue encurralá-lo, após disparar vários tiros. O bandido tenta se lembrar quantos foram para saber se ainda há balas na arma. Deveria correr? Ou se entregar? Harry olha friamente para ele, com um leve sorriso nos lábios, e deixa claro o equilíbrio de poder ao dizer:

– Sei o que você está pensando. Se disparei cinco ou seis tiros. Para dizer a verdade, estava tão animado correndo atrás de você que nem contei. E esta é uma Magnum 44, a pistola mais poderosa do mundo, capaz de arrancar sua cabeça com um único disparo. A pergunta que você deve fazer agora é "será que estou com sorte?" Será que está, seu marginal?

Harry não atira e também não diz quantas balas ainda tem. Usa o poder da dúvida a seu favor. Talvez tenha, talvez não tenha mais uma bala para disparar. Mas faz questão de deixar um clima de suspense no ar, simplesmente dizendo:

– Estamos frente a frente agora. O que você vai fazer?

Discutiremos os detalhes dos dois métodos mais adiante.

Conseqüências lógicas e naturais

O método frio e calculado baseia-se naquilo que chamamos de "conseqüências lógicas e naturais". Uma imagem que explica bem essa teoria é uma barra de ferro em brasa envolta em um manto de veludo. Macia por fora, mas rígida e quente por dentro. A mensagem pode ser suave e educada, mas seu poder implícito é bem claro. E quem a ouve entende tanto o conteúdo explícito quanto o implícito. É uma seqüência lógica. Um evento acarreta outro e assim por diante.

De A a Z, passando por B

Ao utilizar essa técnica para reagir a uma pessoa simplesmente difícil, as personagens das histórias anteriores utilizaram um ponto A (apresentar sua posição de maneira calma e clara) e um ponto B, que é a conseqüência natural do ponto A. Ao fazer isso, estabelecem uma projeção do curso potencial de eventos. Se a pessoa simplesmente difícil insiste em seu comportamento inaceitável, ou seja, leva a situação de um ponto B a um ponto C, nada é mais natural do que receber e voltar uma reação de nível C a D. Cedo ou tarde ela irá entender a mensagem. E, se continua a responder de maneira negativa, pode esperar um resultado progressivamente pior, que pode chegar a um nível Z, figurativamente falando, ou seja, algo que nem a pior das pessoas simplesmente difíceis deseja enfrentar.

O aspecto mais importante é que, em vez de fazer ameaças para punir o outro lado, pode-se apresentar uma seqüência lógica e implacável para a qual é muito difícil encontrar contra-argumentos.

Frases típicas para comunicar conseqüências lógicas:

"Creio que nenhum de nós gostaria de..."
"Espero não ter de chegar a ponto de..."
"Parece que estamos chegando a uma situação complicada..."
"Se você continuar agindo assim, irá complicar as coisas para nós dois..."
"Eu gostaria de evitar..."

A lição de lidar com pessoas simplesmente difíceis e equilibrar o poder, informando ao outro lado as conseqüências lógicas e naturais de seu comportamento, ficou gravada nas mentes dos historiadores pela história de vida de lendas como Gandhi, especialmente em cenas como a que descrevemos a seguir. Nem é preciso dizer que se trata do método "frio".

CENA: "ESTÁ NA HORA DE VOCÊS SAÍREM DE CENA"
FILME: *GANDHI*

Os líderes políticos e militares do Império Britânico e da Índia, inclusive o vice-rei, Lord Irwin, seus assessores e Mohandas Gandhi, que pregava a verdade e a não-violência, resolveram se reunir. Gandhi, que sempre dava exemplo de como se deve comunicar as conseqüências lógicas e naturais de maneira fria, porém marcante, havia convocado a reunião para expressar o desejo de seu país de se tornar independente da influência britânica. Começou explicando a Lord Irwin que os problemas sociais e governamentais estavam fugindo ao controle da legislação. O povo sabia que os ingleses usavam de intimidação e humilhação para que se comportassem como eles queriam e isso era intolerável. Com semblante sério, quase sem demonstrar emoção e sentado tranqüilamente, com as mãos no colo, disse a Lord Irwin:

– Está na hora de vocês partirem.

E completou afirmando que os problemas da Índia, com relação às minorias religiosas, deveriam ser resolvidos pelos indianos e não pelos ingleses. As soluções não podiam ser impostas com mão-de-ferro. Tinham de vir da própria sociedade.

Contrastando com a calma de Gandhi, o tenente de Lord Irwin, um retrato fiel das pessoas simplesmente difíceis, respondeu com hostilidade. Desafiou com sarcasmo o líder indiano:

– E como vocês pretendem lidar com isso (os problemas) sozinhos (em vez de deixar para nós)? Não esperam que simplesmente deixemos o país, esperam?

Gandhi respondeu a Lord Irwin (e não ao tenente):

– Sim, vocês irão partir. – E, com voz calma, sem rancor, completou: – Vejam bem, 100 mil ingleses não podem controlar 350 mil indianos, se eles se recusarem a cooperar. E é isso que iremos fazer. Deixar de cooperar da maneira mais simples e pacífica até vocês perceberem que devem deixar o país, Vossa Excelência.

Até em momentos de confronto, Gandhi referia-se ao oponente de maneira educada.

Cada gesto e cada palavra deixavam clara a postura de Gandhi: os punhos de ferro de 350 mil indianos envolvidos em uma luva de veludo. As palavras eram gentis e educadas, mas transmitiam uma posição inabalável de não-cooperação e de possível rebelião.

Lord Irwin ouviu as palavras sensatas e a mensagem clara. Reconheceu que Gandhi estava informando as conseqüências lógicas e naturais caso os ingleses não deixassem a Índia. Entendeu claramente que se tratava de uma previsão de eventos em cadeia que resultariam em equilíbrio de poder. Ele pode ter esboçado certa reação naquele instante, mas se conteve para não refutar ou contrariar Gandhi diante de suas palavras serenas e, ao mesmo tempo, coerentes.

Se o governo britânico continuasse a tentar exercer controle sobre os indianos dali por diante, eles responderiam com oposição. Se tentasse exercer poder aplicando mais força ou violência, haveria derramamento de sangue, o que resultaria em revolta em massa. Seria uma batalha entre 100 mil soldados ingleses e 350 mil indianos lutando por sua sobrevivência. Lord Irwin percebeu, naquele momento, que o poder tinha mudado de posição e que jamais seria equilibrado em seu favor novamente. Se alguém o exercia naquele momento, esse alguém era a Índia.

USAR O PODER NUCLEAR... MAS COM TODO O CUIDADO

De vez em quando, somente quando nada mais funciona mesmo e não há outra saída, devemos atacar com todas as armas (mas trata-se de um último e extremo recurso a ser usado somente quando o adversário se mostra incorrigível e implacável). Ou seja, só use este recurso em último caso.

Claro, muitas vezes as pessoas simplesmente difíceis só conseguem ouvir ou prestar atenção quando alguém berra a plenos pulmões. Então, após dar todos os avisos possíveis, demonstrar um pouco de fúria (controlada) pode ser um método eficaz.

Esta história de Ron é um desses raros exemplos:

FÚRIA CONTROLADA
Use com moderação

Em uma manhã quente de verão em julho de 1983, o primeiro dia das férias que eu vinha esperando ansiosamente e planejando há meses, quando recebi um telefonema de uma delegacia de polícia. O oficial me informou que vários jogadores do Orioles, inclusive um que era meu cliente, tinham ido a uma festa na noite anterior e a polícia fora até lá para verificar uma denúncia de suspeita de drogas. Seria uma história e tanto para os jornais no dia seguinte. Minhas férias já começavam a parecer um sonho distante novamente.

Minha primeira ligação foi para Hank Peters, presidente do Orioles, para informar sobre o ocorrido e sobre as notícias que poderiam se espalhar. Marcamos uma reunião às 10 horas em seu escritório, no antigo Memorial Stadium (uma sala pequena e escondida que os executivos jamais usariam nos dias de hoje).

Sentamo-nos e avaliamos todos os fatos, os comentários e as alegações que faríamos, tentando nos preparar para enfrentar a mídia. A prevenção (ou a contenção) da publicidade negativa de nossos jogadores era prioridade naquele momento. Após o choque inicial, teríamos de lidar com os aspectos "quem, o que e como" da questão.

Algumas horas depois, vários repórteres já se reuniam na porta do estádio em busca de notícias. Quase nem tivemos tempo para nos preparar. Um deles enfiou o microfone em minha cara fazendo perguntas e mais perguntas sobre os jogadores que estavam usando drogas, já partindo do pressuposto de que isso havia realmente acontecido quando, na verdade, o fato nem sequer havia sido averiguado. Fiquei muito irritado diante das acusações daqueles repórteres e respondi:

– Se é para falar de acusações, que tal conversarmos sobre o incidente com drogas em sua rede de TV?

A frase teve efeito imediato e pegou de surpresa tanto o repórter quanto o operador de câmera. O aparelho e o microfone foram desligados imediatamente. Mas, infelizmente, isso só os fez se aquietar por algum tempo.

Naquela mesma tarde, um agente do FBI veio me procurar. Conversei com meu cliente, pedi que cooperasse e que tentasse convencer os outros jogadores que estiveram na festa fazendo o mesmo. Era um dia muito longo e dali por diante as coisas só iriam piorar.

Às quatro horas da tarde, Edward Bennett Williams, o famoso advogado (tão famoso que era conhecido por suas iniciais, EBW) e presidente do Baltimore Orioles, entrou na sala de Hank Peters e começou a despejar sua raiva não apenas nele mas em mim também, como se eu representasse todos os jogadores. Esmurrou a mesa e gritou que aquele era o dia mais negro da história dos Orioles. Ele também se referia a outro incidente. Para complicar ainda mais a situação, um dos principais jogadores, Tippy Martinez, tinha sido internado naquela manhã com apendicite. Agora, além da suspeita de uso de drogas que pairava sobre o time, o futuro imediato de um dos jogadores-curinga estava em xeque.

Mas será que EBW era uma pessoa simplesmente difícil ou estava passando por um momento difícil? Como o conhecia relativamente, posso muito bem dizer que ele tinha muita tendência a ser uma pessoa simplesmente difícil. Não era o tipo alegre e simpático que se irrita diante de situações complicadas. Era um perfeito *bully*.

Depois de toda a tempestade de gritos e insultos, percebi que a única maneira de equilibrar seu poder (e sua raiva) era lhe informar as conseqüências de seus atos. Tentei fazer isso de maneira calma e pausada. Ele começou a gritar ainda mais alto. Esperei mais aquele surto passar e, quando ele fez uma pausa para respirar, tentei explicar novamente que reações como aquela só fariam piorar as coisas, deixar os jogadores ainda mais revoltados, a mídia mais feliz, o time mais instável, e o processo demoraria muito mais a se estabilizar, arruinando até mesmo a participação no campeonato. Mas ele não me ouviu.

Percebi então que podia argumentar quanto quisesse, mas que não teria o menor efeito. Ignorou Hank Peters e começou a direcionar toda a sua raiva contra mim. Não havia outra saída. Eu tinha de reagir com a mesma intensidade para obter resultados. Mas algo ainda me dizia para "usar minhas armas com cuidado". Seria um paradoxo: insanidade controlada; irracionalidade lógica.

Olhei bem nos olhos de Edward Bennett Williams e, com uma linguagem que jamais recomendaria em meus cursos, despejei todos os palavrões e frases criativas que já tinha ouvido no mundo dos esportes. Ao final, disse (ou melhor, gritei) que ia embora e que ele resolvesse o problema sozinho. Saí e bati a porta com tanta força que vários quadros e prêmios que estavam espalhados pelas paredes caíram no chão.

Saí andando (mas não muito depressa) pelo corredor subterrâneo. Alguns segundos depois, ouvi os pesados passos de EBW, que veio atrás de mim implorando para que eu voltasse e cumprisse minha missão. Pediu que eu ajudasse a salvar a dignidade, a imagem e o sucesso dos Orioles, que poderia ficar comprometida durante a temporada do campeonato ou mesmo para sempre. Concordei em voltar (e respirei aliviado ao ver que minha tática tinha funcionado).

Estabelecemos então um plano bem calculado. Demos declarações à mídia, à polícia e à liga de beisebol com palavras moderadas e cuidadosamente escolhidas. Nenhum jogador foi preso e verificou-se que as acusações eram sem fundamento.

Então, depois de todos os incidentes, o time sobreviveu ao "dia fatídico" e ainda venceu o campeonato de 1983. Como eu representava várias pessoas do time, após o incidente meu relacionamento com Edward Bennett Williams tornou-se ainda mais próximo, e depois ele me convidou para ser seu porta-voz em diversas ocasiões, além de ter me levado ao Japão no ano seguinte para o campeonato internacional.

A técnica da "bomba nuclear" funcionou, mas somente como último recurso. Jamais a use a menos que tenha esgotado todas as possibilidades, e mesmo assim faça-o com todo o cuidado. (Todo o cuidado mesmo...)

PARTE CINCO

E – EXPLORE TODAS AS POSSIBILIDADES: COMO "SE SAFAR" DE UM *BULLY*

Capítulo 14

PAI, TIVE UMA IDÉIA. JÁ SEI COMO PODE ME CASTIGAR...

Como transformar becos sem saída em possibilidades de solução

SE CONSEGUE CONTORNAR OU CONTROLAR O CONFRONTO, PARA QUE EXPLORAR AS DIFERENTES OPÇÕES?

O OBJETIVO DE CONTROLAR O CONFRONTO É PERMITIR UMA REAÇÃO APRO-priada a cada tipo de pessoa difícil. Se você está no controle, fica mais fácil moldar a situação e até o resultado de acordo com suas expectativas. Assim, em vez de ser controlado pelo outro lado, você pode reagir e jogar de igual para igual. Mas para isso é preciso que algumas destas coisas aconteçam:

– Uma pessoa difícil sob situações de estresse deve ser acalmada a ponto de conseguir raciocinar e tomar decisões coerentes.

– As táticas de uma pessoa estrategicamente difícil devem ser identificadas para que se possa reagir e nivelar seu poder.

– Uma pessoa simplesmente difícil deve perceber que há alguém jogando no mesmo nível e que não aceita seus termos e imposições absurdos.

Deixando esses termos bem claros, na situação, você poderá criar um novo padrão e passar a controlar o confronto. Uma vez que as emoções estejam mais serenas, as estratégias tenham sido neutralizadas e os níveis de poder estejam equilibrados, você estará em condições de negociar com o outro lado. Mas isso não significa que esteja tudo resolvido... ainda. (Negociar é algo que pode demorar muito tempo, às vezes uma vida inteira...)

O QUE FAZER QUANDO TUDO "EMPERRA"

Infelizmente, mesmo quando se consegue controlar o confronto com pessoas difíceis, nem sempre as coisas se resolvem facilmente.

A pessoa bate o pé.
Você bate o pé.

A pessoa deixa claro qual é sua posição.
Você deixa claro qual é sua posição.

A pessoa não quer ceder.
Você não quer ceder.

A pessoa quer A.
Você quer B.

E agora?
Talvez a resposta não seja A ou B. Talvez seja C, D ou M.
Talvez a resposta seja apenas uma questão de opção, algo em que ninguém tenha pensado até agora, uma nuance diferente de cor. Quando aprendemos a pensar em opções diferentes, conseguimos ver além das "obrigações", das atitudes de "o vencedor leva tudo", da fragilidade dos egos, do medo de perder o prestígio e de todo tipo de teimosia. Um leque maior de opções permite ao outro lado escolher

entre diferentes alternativas em vez de insistir em apenas uma delas (o que, por definição, não é escolha).

> "Alternativas são a aspirina
> para a febre do conflito."
>
> JAMES DALE

MANEIRAS E MANEIRAS

Quando dois lados disputam/negociam/debatem/pechincham sem chegar a um acordo ("tem de ser do meu jeito"), a melhor solução é tentar enxergar alternativas e pontos de vista que ainda não tenham sido considerados. Isso ajuda a baixar a tensão porque:

1. Equilibra a força do ego (minhas idéias *versus* as suas).
2. Propicia uma nova maneira de pensar no problema.

Se você aprende a:

1. Moldar suas reações a cada tipo de pessoa difícil (como mostramos no capítulo anterior) e
2. Desenvolver opções (como mostraremos neste capítulo) para "desemperrar" a situação.

OPÇÕES – A DIFERENÇA ENTRE DESVIOS E RUAS SEM SAÍDAS

Se você segue por uma avenida e se depara com uma placa de "Pare! Final da rua" é sinal de que não há como continuar. É preciso virar e voltar, algo que ninguém gosta de fazer no trânsito ou na vida. Quando lidamos com pessoas difíceis e chegamos à conclusão de que a situação não tem solução, a melhor saída parece sempre ser desistir. Mas, por outro lado, se seguimos por uma estrada e vemos a placa "Desvio à frente" podemos nos irritar porque a viagem será mais longa ou nos conformar ao ver que o caminho não é exatamente o que havíamos planejado, mas que acabaremos chegando ao nosso destino. Quando não podemos seguir em frente devido a um desvio no caminho, o melhor a fazer é usar a criatividade para descobrir uma nova alternativa ou uma nova rota a seguir.

Veja o exemplo seguinte de um jovem que usou as técnicas N.I.C.E. e descobriu uma rota alternativa para uma situação que parecia um beco sem saída.

Mark conta a história desse jovem aprendiz, seu próprio filho Jack, que descobriu uma maneira criativa para escapar ao castigo do próprio pai! É a prova de que nunca é cedo para se criarem opções.

PAI, TIVE UMA IDÉIA.
JÁ SEI COMO VOCÊ PODE ME CASTIGAR...

Meu filho Jack aprendeu, ou melhor, dominou em seus seis anos de carreira de negociação (seus seis anos de idade) a arte de criar opções. Jack se sentia o dono da casa e assustava até a própria irmã, Anna, bancando o negociador difícil. Nem é preciso dizer que, quando descobri seu jogo, meu lado de pai sério entrou em ação. ("Vou mostrar a este pirralho quem é o dono da casa")

Devo admitir que meus castigos para Jack são um tanto previsíveis (ou consistentes, melhor dizendo). Mas isso faz com que ele saiba exatamente como agir. Acabou desenvolvendo uma grande criatividade e sempre tem novas idéias e opções. Ou seja, sabe exatamente que tipo de castigo irá receber mesmo antes de fazer algo errado. Eu costumo colocá-lo "de castigo" tirando dele tudo de que gosta como televisão, brinquedos, a companhia dos amigos, o computador etc. Então, o processo de condicionamento, tão enfatizado pelo fisiologista russo

Capítulo 14 | Pai, tive uma idéia. Já sei como você pode me castigar...

Ivan Pavlov, fez com que Jack internalizasse a conexão entre seu mau comportamento (aterrorizar a irmã) e o castigo. E o processo já é tão automático que cada vez que faz algo errado ele vai direto para o quarto e fica lá, quieto. Anna sempre me conta as travessuras do irmão (como toda criança). E, quando o chamo para puni-lo, ele logo responde:

– Não posso ir, pai. Estou de castigo!

Claro, após alguns anos, Jack decidiu que "ficar de castigo" estava se tornando um tanto cansativo. Não agüentava mais ficar isolado, longe de tudo o que gostava e sem poder brincar. Resolveu então contornar a questão e criar um "castigo alternativo".

Quando fez mais uma de suas (inevitáveis) travessuras o chamei mas, em vez de gritar de longe o "não posso ir porque estou de castigo" de sempre, ele veio correndo em minha direção, dizendo "sim, pai?" Fiquei surpreso com sua ousadia e com a aparente falta de medo de arcar com as conseqüências. Já estava pronto a deixar bem claro para ele que não podia maltratar a irmã, que aquele não era um comportamento aceitável para um garoto de sua idade e que iria ficar de castigo.

Mas, antes que eu começasse a falar, Jack me ofereceu uma opção criativa, dizendo:

– Pai, tenho uma idéia. E, se em vez de ficar de castigo como sempre, eu tivesse de arrumar meu quarto?

Embora estivesse muito tentado a dar o castigo de sempre, não posso dizer que não tenha ficado orgulhoso de sua criatividade. Afinal, limpar o quarto seria mais útil como "lição a aprender" do que ficar sentado e quieto durante horas. Sendo assim, acabei concordando em "puni-lo" com uma tarde de limpeza.

Minha esposa chegou em casa logo depois e perguntou, após algum tempo, por que ele estava no quarto. Contei então a história e ela caiu na gargalhada. Ela disse:

– Você o deixou limpar o quarto como castigo? Ele o enganou direitinho. Eu limpei o quarto dele hoje de manhã. Jack não está fazendo a limpeza e se sentindo culpado pelo que fez. Está brincando e se vangloriando de sua vitória!

Eu não tinha sequer como reclamar. Afinal, ele estava fazendo exatamente aquilo que lhe ensinamos: encontrar soluções criativas. Mas podia muito bem subir até o quarto e lhe dar o castigo de sempre. E foi isso que fiz.

Essa pequena história (de como um garoto de seis anos enganou o pai) mostra que as pessoas muitas vezes acreditam não ter opções para enfrentar as dificuldades. Antes de ter a idéia de "limpar o quarto", Jack só conhecia um resultado para suas más ações: o castigo. Mas conseguiu provar que a criatividade pode vencer becos sem saída. No caso dele, os becos eram ficar sem ver os amigos, sem seus brinquedos e sem o computador. A estrada de nossa vida, seja ela familiar, social ou de negócios, pode ser cheia de obstáculos, pista irregular, buracos, lombadas e até bloqueios, mas o viajante persistente e criativo sempre consegue chegar lá.

> "Duas estradas separavam-se num bosque e eu segui por aquela que quase ninguém escolhia. E isso fez toda a diferença."
>
> Robert Frost

UM DILEMA SEM UMA SOLUÇÃO? OU...?

Veja um exemplo de desafio que parece, pelo menos à primeira vista, não ter solução. Você tem três opções: A, B ou C. Precisa escolher uma delas. Cada uma tem suas qualidades, mas você não pode ficar com as três. E para piorar A, B e C não são objetos ou idéias. São pessoas vivas que respiram, são vulneráveis e têm sentimentos. Então você terá de escolher qual delas irá agradar, magoar ou abandonar. Se A for o escolhido, B e C perdem. Se você escolher C, B e A serão eliminados. E se escolher B, A e C ficarão arrasados. Qualquer que seja a decisão a responsabilidade é toda sua. Parece não haver saída. Mas talvez seja somente porque, à primeira vista, a maioria de nós enxerga apenas as soluções óbvias e não percebe que existem aquelas menos convencionais e mais criativas.

Esta pequena parábola serve para mostrar que as pessoas podem se defrontar com dilemas aparentemente sem solução ou becos sem saída mas que, usando a criatividade, podem encontrar opções interessantes. Leia o texto seguinte e veja se consegue encontrar uma solução antes de chegar ao final.

A VIAGEM DA CULPA

Você está seguindo em seu carro, que só tem dois bancos, por uma estrada durante uma tempestade com muito vento em uma noite fria. Raios cortam o céu e os trovões são assustadores. Folhas e galhos voam à sua frente. Você nada consegue enxergar além do pára-brisa, mas de repente percebe que há três pessoas encolhidas, encharcadas e tremendo de frio em um ponto de ônibus, sem cobertura, esperando a condução que, obviamente, está atrasada. Pelo que consegue ver, entre o vaivém do limpador, as três pessoas são:

1. Uma senhora de idade e aparência frágil que parece estar à beira da morte ou, ao menos, com uma grave pneumonia.
2. Um grande e velho amigo que já salvou sua vida uma vez.
3. A mulher (ou o homem) de sua vida ou, pelo menos, o tipo que você só viu até hoje em seus sonhos.

A qual deles você daria carona? Lembre-se de que só há um assento disponível no carro (por que não comprou um carro normal?). Quais são as opções?

1. Escolher a velhinha, que parece estar correndo maior risco de vida (mas deixar de lado seu amigo e perder a chance de estar com a mulher/o homem de sua vida).
2. Escolher seu amigo, afinal ele salvou sua vida e você jurou pagar a ele o favor (e viver eternamente com a culpa de ter deixado a velhinha e a mulher/o homem de sua vida ali na chuva, correndo ainda o risco de alguém resolver dar a ela/ele uma carona e eles se apaixonarem).
3. Seguir seus instintos (que toquem os violinos), abrir a porta (e seu coração) para sua alma-gêmea (deixando para trás a indefesa senhora e seu ex-melhor amigo (agora seu maior inimigo).

Não há uma "resposta certa" é o que você vai dizer, acertei? O que você faz quando enfrenta uma situação em que nenhuma das opções parece ser a ideal? E qualquer coisa que decida fazer parece ser errada? Solução: crie novas opções. Crie outras além das três mais óbvias. Talvez haja quatro, cinco ou até seis opções à sua disposição.

Ainda não conseguiu? Pois veja uma possibilidade:

4. Deixe o carro com seu amigo (salvador, confiável e bom motorista) para que ele leve a velhinha para casa ou até o hospital mais próximo.
Você fica no ponto de ônibus enfrentando a tempestade na companhia da mulher ou do homem de sua vida. É uma bela maneira de se conhecerem, enfrentando a fúria dos elementos abraçados e... bem, o resto você já sabe.

Embora não seja tão evidente, é uma opção criativa que resolve o problema de todos na história e ninguém fica (muito tempo) passando frio. Em vez de resultar em um vencedor e dois perdedores pode-se ter três vencedores (ou quatro, se contarmos você). Então? Conseguiu imaginar outra solução antes de sugerirmos a quarta opção? Algo que salvasse os três? Na verdade, há um número infinito de possibilidades para resolver este dilema, mas todas requerem raciocínio não convencional.

CAPÍTULO 15

UM GRANDE CONTRATO DE TV
Como trabalhar com diferentes possibilidades

POR QUE (E COMO) DIFERENTES OPÇÕES PODEM FUNCIONAR

HÁ QUATRO RAZÕES BASTANTE SÓLIDAS PARA QUE SE BUSQUEM OPÇÕES mesmo onde elas parecem não existir:

1. Explorar diferentes perspectivas denota espírito de cooperação e não necessariamente fraqueza. Quando os dois lados se encontram em um beco sem saída, é hora de um deles tomar uma atitude para mudar a situação. O que muitas pessoas temem é tomar a dianteira e ficar em desvantagem ou serem vistos pelo oponente como perdedores. Isso pode acontecer caso a primeira atitude envolva concessões importantes como abrir mão de posições, princípios ou metas. Mas, se o primeiro passo é um esforço genuíno para se descobrirem opções adicionais (escolhas, idéias ou novas maneiras de se ver a questão) podem-se gerar bons resultados sem ter de fazer concessões significativas. As opções nos ajudam a progredir sem desistir do que é realmente importante.
2. Diferentes opções abrem a mente para novas idéias. É muito comum encontrar barreiras nas estradas. Mas, quando as

CAPÍTULO 15 | UM GRANDE CONTRATO DE TV

pessoas as encontram em situações do dia-a-dia, normalmente dizem: "Ah, não! Assim não dá para continuar! Recuso-me a seguir por outro caminho. Não quero". Nem sequer cogitam de pensar em outras opções. Você faz uma proposta e eles a rejeitam, fazendo outra que pode não lhe interessar. É como se estivessem vendo a situação de dentro de um túnel e a única luz que enxergam é a de suas próprias idéias. Mas, diante de novas opções, suas mentes podem se abrir um pouco. Tudo o que precisam é prestar atenção um instante para que surjam idéias que favorecerão à negociação. Ou as novas opções que você apresenta podem levar a outras e haver uma permuta (ou eles acharem que a melhor idéia foi deles). O importante é que nesse momento eles estarão mais abertos. A estrada terá menos bloqueios ou menos desvios, pelo menos. Lembre-se de que os desvios têm por objetivo levá-lo ao mesmo lugar, só que por vias diferentes.

3. Ter opções dá ao outro lado a sensação de estar controlando a situação. Pessoas difíceis estão sempre procurando circunstâncias, ultimatos, exigências e aspectos não negociáveis de sua parte que o ameaçam. E quando se sentem assim se recusam a cooperar, gerando um impasse. Quanto mais medo têm de perder o controle mais arraigada é sua posição. Então, se você quer negociar, apresente idéias novas que eles possam avaliar. Sugerir idéias novas em vez de pressionar faz com que o outro lado selecione o que achar mais interessante. É como escolher em um cardápio de opções de entradas em vez de ir direto a um prato principal do qual não se gosta. Não é preciso engolir tudo o que se apresenta. O mais importante ainda é apresentar um leque (ou cardápio) de sugestões que possam ser colocadas em

prática para que as pessoas tenham liberdade de escolha. Assim se sentem "no controle".
4. Opções diferentes permitem ao outro lado ter a impressão de que está "vencendo" a batalha.

   Pessoas difíceis não são do tipo que quer ganhar a qualquer preço (não é uma questão de raciocínio e sim de personalidade). O simples fato de dificultar as coisas já é uma vitória para elas e ponto final. Só que com isso acabam ganhando sempre e o perdedor é você. Mas, ao oferecer opções (ser flexível), você pode acabar encontrando outras maneiras de fazer concessões e dar ao outro lado a "impressão de ter vencido" sem, no entanto, ser afetado ou prejudicado. Muitas vezes pode-se abrir mão de algo que nem é tão importante assim e perder uma aparente batalha para ganhar a guerra ao final (o simples fato de você fazer uma concessão pode dar ao outro uma falsa idéia de estar lucrando. E se ele se sente assim, melhor para você). A negociação que você queria acaba sendo feita de qualquer maneira. Mas lembre-se: negociar dessa maneira não quer dizer que você precisa dar ao oponente tudo o que ele deseja somente para que ele não o destrua. Dê somente algo que sente ser menos importante. E se puder apresentar um leque de opções, melhor ainda. Deixe-o pensar que está vencendo e livre-se dele. Em suma, criar opções é uma maneira de fazer com que o outro lado jogue de acordo com suas regras.

Observação: Ao criar opções nas quais terá de abrir mão de pontos não tão críticos, para sua posição, seja realista. Não apresente sugestões frívolas ou sem sentido. Use aspectos que representem certo sacrifício de sua parte, mas que possam ser compensados pela vitória ao final.

DIVULGUE A VITÓRIA DO OPONENTE NA IMPRENSA

Para a maioria das pessoas é bem difícil apresentar sugestões que dêem a um oponente a impressão de que ele está vencendo. Mas isso acontece porque é difícil deixar de lado nossa maneira de raciocinar para tentar entender os pontos de vista de outras pessoas ("Eles são meus oponentes. Como posso tentar pensar como eles?"). Uma técnica que costumamos usar para diminuir essa dificuldade é escrever aquilo a que chamamos um "comunicado à imprensa sobre o outro lado". Para cada opção que seja interessante oferecer a eles, invente uma frase e imagine que irá enviá-la a um jornal para anunciar que venceram. Mas faça isso como se fosse um deles se vangloriando da vitória. Este exercício faz com que você consiga ver as coisas de uma maneira que demonstre benefícios para o outro lado. Claro, é uma situação hipotética. Você jamais faria isto na realidade. Porém, por incrível que pareça, já passamos por uma situação assim. Enviamos mesmo um artigo para um jornal anunciando a "vitória" de um oponente (para beneficiar um cliente). É uma história que demonstra claramente porque apresentar opções diferentes funciona e como se pode utilizar essa técnica para sair de situações aparentemente sem solução.

COMO UMA EMISSORA DE TV OBTEVE SUCESSO PAGANDO UM ALTO SALÁRIO
O MAIOR CONTRATO JÁ FECHADO COM UM APRESENTADOR DE NOTICIÁRIO

O mundo dos noticiários de televisão funciona assim: um repórter se mata de trabalhar o dia todo para cobrir as notícias mais importantes e fazê-las chegar prontinhas à mesa do apresentador principal. Espera um dia subir a escada da fama e passar de mero coletor de informações a um repórter conhecido e, um dia, a apresentador de um jornal das oito. Os diretores estão sempre à procura de talentos, avaliando os melhores repórteres e prometendo mundos e fundos a todos os que se destacam. A estratégia faz todo sentido, pois produzir um jornal regional não é tão oneroso e pode dar muito lucro a uma emissora. A negociação dos contratos é mais ou menos como a do mundo dos esportes.

Representamos certa vez um âncora de uma importante emissora de televisão que se tornou muito famoso. À medida que tudo aconteceu, as pesquisas mostraram que ele era o mais disputado entre as emissoras do país. Todas acompanhavam de perto sua carreira. Havia começado de baixo, como um jornalista desconhecido, e se tornou aos poucos um dos melhores da história. Fazia muito sucesso no jornal das 11 horas da noite e rendia muito em propaganda devido ao horário privilegiado do programa. Os líderes das outras emissoras sabiam que o contrato estava para vencer e estavam preparando suas iscas para fazer as ofertas mais tentadoras ao apresentador.

Claro, a emissora estava ciente disto. Sabia que havia concorrentes poderosos, prontos a oferecer brilho e sucesso a ele. Temia não poder mantê-lo por muito mais tempo. Mas em toda aquela disputa, apenas um fato parecia estar passando despercebido: o âncora não queria deixar de trabalhar para aquela emissora. Gostava do lugar, da cidade e se sentia em casa. A empresa era suficientemente grande para sua ambição. Já não desejava ser uma estrela. A vida que levava o satisfazia plenamente. Porém, desejava o salário de um âncora disputado.

Então fizemos um estudo de como ele poderia receber um salário coerente com seu talento e com o que receberia de outras emissoras. Avaliamos o nível de audiência durante suas apresentações, o crescimento da empresa em relação aos concorrentes e até mesmo o crescimento do mercado em todo o país. Comparando esses números, pudemos avaliar seu desempenho. Ele não era apenas o

Capítulo 15 | Um grande contrato de TV

âncora mais eficiente do mercado. Era o preferido do público, aquele em que mais confiavam. Estudamos então o processo e como sua popularidade havia se estabelecido. Era incrível ver que um único homem tinha conseguido fazer com que a emissora batesse todos os recordes de audiência, transformando-se em uma estrela da constelação de emissoras do país.

Com todo esse crescimento, também era óbvio que podiam pagar a ele um salário mais alto. Mas não queriam lhe dar um aumento significativo, pois sabiam que teriam de renegociá-lo a cada renovação de contrato. Será que arriscariam perdê-lo depois de investir uma fortuna para fazê-lo ficar mais algum tempo quando poderiam ter investido o mesmo tempo e dinheiro em seu sucessor? Seria mais fácil propor um contrato mais longo para não ter de negociar o tempo todo.

Mas, para a felicidade e o alívio geral da emissora, o âncora desejava permanecer na cidade e tudo acabou bem. Estava até disposto a assinar um contrato permanente e garantir sua aposentadoria. Agora a grande questão era estabelecer um salário justo para o maior apresentador do país. Seria provavelmente o maior já pago a um âncora, além de bônus e extras. Mas eram apenas detalhes. O mais importante é que ambas as partes estavam de acordo.

Problema resolvido? Ainda não. O valor de salário do contrato seria muito, muito alto. A emissora iria tentar negociar, pois também teria de investir em outras estrelas que viesse a contratar já que o âncora um dia se aposentaria e teria de ser substituído para que o sucesso do jornal e dos outros programas continuasse. Mas como negar um salário mais alto diante de todas as pesquisas e levantamentos que havíamos feito? E, por outro lado, como explicá-lo à sua matriz? Afinal, havia outros mercados até maiores que não pagavam salários assim. E outras "estrelas" que não ganhavam tanto.

Como explicar que aquele âncora representava então a imagem da empresa? (É o mesmo problema que todo time de futebol, basquete, beisebol e hóquei enfrenta toda vez que precisa fechar "um grande contrato" com um jovem talento) Até que chegou o momento de fechar negócio. A diretoria da emissora já imaginava as notícias nos jornais:

> "O maior contrato já fechado com um apresentador de noticiário"
> "Emissora de TV paga o maior salário da história"
> "Apresentador-âncora assina contrato milionário"

Cada uma dessas manchetes deixaria a diretoria (e nosso cliente) bastante incomodada. A repercussão poderia atrapalhar o negócio. Então, apesar de nosso cliente ser o apresentador, tentamos nos colocar no lugar da emissora e imaginar o que poderia ser feito. Após algum tempo chegamos a uma conclusão: seria melhor espalhar de vez a notícia aos quatro ventos ao invés de tentar escondê-la, já que se tratava de um contrato recorde na história das emissoras. A "estrela" estava disposta a permanecer na empresa até se aposentar. Diante disso, por que não deixar que a emissora anunciasse o fato como uma vitória? Que convocasse a imprensa e divulgasse o evento.

> "Emissora assina contrato perene com âncora"

Eu mesmo rascunhei o texto do comunicado e o entreguei à diretoria. Eles gostaram e aprovaram. Então, após alguns ajustes, enviaram a notícia a toda a imprensa. O evento foi divulgado no país inteiro; porém, mais que o valor do contrato, o fato de ser algo perene foi o que mais chamou a atenção. A empresa chegou a receber cumprimentos dos concorrentes. Era como se um time como o Chicago Bulls assinasse um contrato perene com um jogador do porte de Michael Jordan. As atenções se concentraram não tanto na estrela e sim na diretoria que propôs o negócio. Temos de reconhecer que era importante para a emissora se "beneficiar" das notícias (e nosso cliente ficou até satisfeito em não ser alvo de todas as câmeras naquele momento). Em vez de reclamar ou de se sentir lesada, a empresa declarou publicamente sua vitória. E para o apresentador ela teve um sabor ainda mais doce.

CAPÍTULO 16

OPÇÕES DE JOGO
Como avaliar os dois lados de uma situação

NÃO TENHA MEDO DE CRIAR OPÇÕES

Algumas pessoas têm receio de criar opções por acharem que serão obrigadas a usá-las. Mas essa atitude impede o fluxo de informações. Lembre-se de que ter ou criar opções é diferente de colocá-las em prática. (Pergunte a qualquer operador da bolsa como é saber de todas as opções sem ter dinheiro no bolso para investir). O significado de "opção" é "escolha, possibilidade, idéia" e não "obrigatoriedade de uso". E as opções existem para facilitar o movimento das situações na vida. Somos livres para aceitar, recusar ou modificar nossas opções em qualquer momento. O simples fato de fazermos isso já faz delas um instrumento útil, pois ajuda-nos a tomar atitudes ao invés de ficar parados esperando que algo aconteça. Criar opções nunca é perda de tempo.

> "É melhor ter opções e não precisar delas do que precisar e não ter."
>
> Mark Jankowski

COMO LEVAR O OUTRO LADO A EXPLORAR DIFERENTES OPÇÕES

Um problema muito comum, ao se enfrentar pessoas difíceis, é gastar tempo e energia criando opções e, ao apresentá-las, elas simplesmente se recusam a entendê-las ou experimentá-las. Insistem em sua filosofia de "é assim que eu trabalho" ou "é assim que eu vivo e pronto". Essa teimosia pode ter diversas origens:

- Pessoas que se tornam difíceis em situações de estresse normalmente não conseguem ver os benefícios de outras opções.
- Pessoas estrategicamente difíceis provavelmente já usaram a tática de "não há outras opções" em algum momento de suas vidas (provavelmente com sucesso) e por isso querem usá-la contra você.
- Pessoas simplesmente difíceis acreditam estar em uma posição tão privilegiada que não querem se dar ao trabalho de explorar opções diferentes.

Portanto, mesmo que você ofereça as alternativas mais criativas, geniais e simples do mundo, essas pessoas não têm obrigação de levá-las em consideração. Afinal, foi você quem as sugeriu, não elas. É aí que está o problema. O outro lado normalmente não está interessado em opções diferentes. A menos que você o motive, o impasse continua. É importante fazer com que ele as discuta, mesmo que seja para recusá-las, pois assim irá expor seus pontos de vista e se engajar no processo. Como dizia Lyndon Baines Johnson[4], "Não me peça para pousar antes de eu levantar vôo".

---

4. Lyndon Baines Johnson (1908-1973), político norte-americano e membro do Congresso, trigésimo sexto presidente dos EUA (1963-1969). (N.T.)

Mas então como se pode fazer com que o outro (teimoso) lado concorde em participar do processo de criação de opções?

MÉTODOS PARA ENVOLVER O OUTRO LADO NO PROCESSO DE CRIAÇÃO DE ALTERNATIVAS

Faça com que ele veja a situação sob o seu ponto de vista. Grandes filósofos já deixaram muito claro que todos seríamos sábios se simplesmente nos dispuséssemos a: ver o mundo pelos olhos das outras pessoas, calçar seus sapatos e andar um dia inteiro, entrar em sua mente, virar o espelho etc. Ou seja, bastaria que pudéssemos ver e sentir tudo como elas fazem. E até conseguimos, de vez em quando. É nesses momentos que crescemos como pessoas.

Porém, ainda mais difícil do que ver o mundo com os olhos de outra pessoa, é tentar fazê-la vê-lo com os seus. Como convencer alguém a usar nossos sapatos, nossas roupas, a viver em nossa casa, fumar nosso cigarro e vivenciar tudo o que vivenciamos até saber exatamente como é estar no nosso lugar? É realmente uma tarefa bem difícil, mas não impossível. Uma das maneiras mais simples de começar é "reverter os papéis", fazendo algumas perguntas que não representem ameaça (em vez de tentar impor suas idéias). Alguns exemplos:

O QUE VOCÊ FARIA SE ESTIVESSE EM MEU LUGAR?
Proponha uma troca de lugares. É bastante hipotético, mas leva a pessoa direto ao ponto crucial da questão. Faça com que ela tente ver a situação sob a sua perspectiva. Pode ser um tanto complicado no início. Ela pode dizer que, estando em seu lugar, concordaria com todos os termos do acordo. Você tem de ser persistente. Faça perguntas complementares como "você concorda que, colocando as coisas dessa maneira, não está realmente vendo a situação sob o meu ponto de vista?" ou "se fizermos o que você sugere, qual deveria ser minha

próxima ação, então?" Continue a propor questões neste estilo. "Se você fosse eu...?", "Se estivesse em minha situação...?", "Se estivesse em meu lugar...?"

E SE (UM ITEM DA SITUAÇÃO EM QUESTÃO) NÃO FOSSE UM PROBLEMA?

Mas não prolongue o processo. Identifique um ponto importante e simplesmente o remova, teoricamente, do cenário (lembre-se de que não tem de ser uma solução definitiva. Deixe tudo dentro do terreno da teoria). Essa opção elimina temporariamente o obstáculo, o que pode ajudar o outro lado a continuar a discussão e se abrir a novas idéias. O campo minado é, assim, eliminado e pode-se conversar de maneira mais tranqüila e segura. Você pode até penetrar em assuntos que antes eram "críticos". Então, quando sugestões ou mesmo soluções mais eficazes surgirem, será possível estabelecer um consenso. É hora de voltar a incluir o item que foi deixado de lado. Ao fazer isso, ambos irão perceber que não se trata de algo impossível de resolver. Afinal, será o único item pendente da questão.

QUAL SERIA O PROBLEMA SE FIZÉSSEMOS ASSIM?

Em vez de evitar a crítica, incentive-a. Além de ser uma estratégia bastante incomum, irá desarmar o oponente logo de cara. A maioria das pessoas não resiste a uma chance de criticar os pontos de vista de seus oponentes. E, se recebe um convite aberto para fazê-lo, acha ainda mais interessante. Mas não se abale. Deixe a pessoa falar. Enquanto critica e explora os problemas, ela pode acabar revelando opções e soluções em que você não havia pensado. Ao dizer aquilo que não deseja, pode lhe dar idéias interessantes. Sem querer estará ajudando.

A história seguinte é real e é sobre um cliente de Ron que se encontrava em uma situação tão difícil que não via saída. Ilustra bem os pontos principais que ensinamos sobre o valor e o uso das opções (que destacamos no texto). Ao final, a história mostra como a situação pôde ser invertida graças a soluções alternativas.

A OPÇÃO DE JOGAR BOLA

Em 1994, Michael Maas, meu colega na agência de esportes, e eu representamos um cliente chamado Brian Anderson, ex-jogador do time Anaheim Angels. Quando chegou a época da renovação do contrato, o clube enviou-lhe uma proposta. Michael disse:
— Assim que recebi o documento percebi que eles não estavam me dando o devido valor.

Segundo as regras de negociação de contratos da liga norte-americana de beisebol, era a chance de ele se tornar um jogador de passe livre. Isso é o que acontece quando não se trata um jogador de grande porte de maneira devida.

Naquela época as coisas funcionavam assim: todo ano os clubes tinham de fazer aos jogadores uma "proposta" de contrato para o ano seguinte até 20 de dezembro. Se isso não ocorresse, o jogador ficava com o passe livre. Havia também alguns parâmetros a serem seguidos para que a proposta tivesse validade. E foi com relação a este aspecto que os Angels erraram naquele ano. A proposta estava abaixo do valor mínimo exigido, determinado por uma complexa fórmula. Primeiro, levava-se em consideração o salário do jogador. A partir disso, eram calculados os incentivos. E, dependendo de seu desempenho durante o ano, o clube poderia aumentar ou diminuir uma média de 20% em relação ao total pago no ano seguinte, chamado salário-base, mantendo-se os incentivos. Claro, era raro ver um time diminuir as compensações e ganhos extras de um jogador, especialmente em uma situação arbitrária (em que o time pode vir a perdê-lo).

Mas, por incrível que pareça, os Angels reduziram o salário de Brian, ou pelo menos tentaram. Uma atitude dessas era como erguer uma bandeira vermelha durante um jogo. Michael disse:
— Quando li o documento um alarme disparou dentro de mim. Fiz uma retrospectiva do ano todo para ver o que poderia estar errado.
Um corte no pagamento é uma mensagem contraditória. O time deseja ou não continuar com o jogador? Caso afirmativo, o mínimo a fazer é manter o salário do ano anterior. Mas, caso não deseje, basta liberá-lo. Outra possibilidade é manter o salário, mas negociar um desconto.

Comparando o contrato anterior de Brian com a nova oferta, fazendo e refazendo cálculos, verificamos que ele tinha motivos para ficar alarmado. A oferta estava bem abaixo do mínimo necessário para a renovação. Não havia lei oficial que impedisse o time de reduzir o salário do jogador. Eles simplesmente não estavam seguindo as regras da liga. Ofereciam muito menos que o mínimo permitido. Agora a questão era: o que fazer?

Discutimos todas as possibilidades com Brian. Tecnicamente ele poderia ficar com passe livre e o representaríamos, negociando e avaliando as melhores ofertas que surgissem (claro, agenciar um jogador não era tão simples, mas tínhamos 80% de chance de fazer um bom negócio). A primeira escolha de Brian ainda era permanecer na Califórnia. Tendo isso em mente, desenvolvemos uma estratégia. O primeiro passo era informar aos Angels que a oferta não tinha agradado. Mas respondemos de maneira a mostrar que poderia ter havido um erro e que ainda havia chance de repará-lo, e não que, caso não o fizessem, Brian ficaria com o passe livre. E esperamos a resposta.

Os Angels responderam, mas somente no dia 20 de dezembro, a data-limite. Como tinham enviado a oferta em uma data-limite, imaginávamos que a resposta também viria assim. Dois erros haviam sido cometidos: 1) O conteúdo da oferta e 2) O atraso dos envios.

Observação: antes era muito comum que os times fizessem sua oferta tão próximo da data-limite que não havia tempo para correções ou revisão. O normal seria enviar por volta de 10 de dezembro, no máximo, mas a cada ano eles deixavam para entregar mais tarde. Então, como resultado do incidente que descrevemos nessa história, a liga norte-americana de beisebol passou a usar a chamada "Regra de Brian Anderson". Se uma proposta chega com erros ou problemas em seu conteúdo, o clube deve ser notificado para corrigi-los.

Estávamos na situação a que chamamos "emperrada" (eles assumiram uma posição. Nós assumimos outra. Eles não queriam ceder, nem nós. O que fazer então?).

Quando a proposta finalmente chegou, sentamo-nos com Brian e conversamos sobre as possibilidades que tínhamos em mãos. Ele gostava muito da Califórnia e dos Angels. Tinha jogado no time a vida toda e estava disposto a ficar desde que lhe pagassem um salário justo. Mantivemos então nossa posição e nossa estratégia. O objetivo era fazer com que ele recebesse uma oferta (e um pagamento) equivalente ao que os outros clubes ofereciam a jogadores de seu nível. O valor médio na época era algo entre 160 mil e 200 mil dólares. Mas seu passe livre poderia valer até um milhão de dólares. Nossa intenção não era tirá-lo do time e sim que ele recebesse um salário coerente com sua categoria (nem um extremo nem outro).

Mas, infelizmente, nem os Angels nem o presidente do clube, Bill Bavasi, viam a situação da mesma maneira que nós. Ficaram irritados ao ter de revisar a oferta, que girava em torno de 120 mil dólares Esperávamos bem mais que isso, algo em torno de 180 mil dólares. Eles não tomaram iniciativa alguma. (Conhece a estratégia? É incrível como isso se repete na maioria das situações de confronto). Talvez acreditassem que não iríamos liberar seu passe para o mercado. Ou não desejavam mais ficar com ele. O fato é que não modificaram a oferta.

Capítulo 16 | Opções de jogo

Estávamos preparados para entrar com o pedido de liberação. Tínhamos todos os documentos prontos. Queríamos negociar da maneira mais honesta e aberta. Conversamos com Brian e decidimos que nosso objetivo não seria forçar o clube a modificar sua postura (ainda). Tentaríamos primeiro transformar um "bloqueio na estrada" em um "desvio". Seria um caminho um pouco mais longo, mas nos levaria aonde queríamos chegar. Para isso era preciso criar opções diferentes, informando-lhes o problema em vez de ameaçá-los ("um sinal de cooperação e não de fraqueza). Não estávamos forçando para que cedessem, e sim dando mais uma oportunidade para que reparassem seu erro.

O time respondeu, porém muito tarde. Ainda assim não tomamos atitudes drásticas. Procuramos uma maneira de "abrir a mente do oponente a nossas idéias". Isso nos levou a uma segunda opção: fazer um levantamento de valores médios de salário no mercado e pedir que a proposta seguisse a tendência. Assim poderiam manter sua posição e se sentir fazendo algo positivo (como se estivessem vencendo o jogo). Mas eles recusaram.

Deveríamos continuar a criar opções ou bater de frente com eles? Apresentar os documentos para a solicitação de liberação do passe ou tentar negociar novamente? Aquilo já estava demorando demais e não conseguíamos fazer com que o outro lado "considerasse outras opções". Analisamos todos os aspectos da situação para descobrir o motivo.

Como mencionamos no tópico "Não tenha medo de propor opções", eles estavam reagindo de acordo com seu "tipo", ou seja, se tornaram difíceis devido às circunstâncias, eram estrategicamente difíceis ou simplesmente difíceis. Se eram do tipo que se torna difícil, devido às circunstâncias, estavam muito exaltados para reagir a diferentes opções (por enquanto). Se eram estrategicamente difíceis, estavam se recusando a aceitar nossas idéias para obter a vitória. E se eram do tipo simplesmente difícil, imaginavam ser tão poderosos que nem precisavam se dar ao trabalho de nos ouvir.

Tínhamos muitos "se" em nosso caminho. Mas algumas realidades eram óbvias: 1) Eles não poderiam mais estar tão exaltados. 2) A estratégia de nos mantermos fechados à oferta deles não estava dando resultado. 3) Eles não pareciam estar em posição de poder absoluto. Sentíamos que estava na hora de propor mais uma opção... mas não sabíamos ainda qual seria.

Enquanto tentávamos pensar em alguma coisa, mantivemos a comunicação com a diretoria do Angels. Continuei a conversar com Bill Bavasi enquanto Michael conversava com Tim Meade, seu assistente. Para tentar fazê-los "ver a situação com nossos olhos" começamos a fazer perguntas diretas e indiretas para envolvê-los:

O que você faria se estivesse em nosso lugar?
E se (um item da situação em questão) não fosse um problema?
Qual seria o problema se fizéssemos assim?

Após muita insistência, conseguimos abrir uma brecha e ter esperança. Deixamos que criticassem à vontade nossa (última) opção: "O que há de errado com nossa contraproposta?"

Em vez de ameaçar liberar o passe de Brian, dissemos que iríamos conversar com outros clubes para ver se eles poderiam lhe oferecer um bom contrato e compensar o Angels com outros bons jogadores. Na verdade estávamos jogando com as informações, pois sabíamos que, se Brian estivesse livre, alguém o contrataria por um bom preço e nem se incomodaria com o Angels.

Brian já havia considerado outros times em que gostaria de jogar. Apresentamos essa lista ao Angels (uma chance para que criticassem e tentassem modificar nossa idéia). Eles pareceram reagir, especialmente quando mencionamos o clube de Cleveland, a cidade natal de Brian. E conversaram abertamente com a diretoria do Indians, pois começaram a acreditar que poderiam perder Brian (embora não admitissem). Temiam que, se oferecessem a Brian um bom contrato, ele aceitaria. Queriam que o Indians lhes oferecesse um bom jogador na troca. E, realmente, receberam uma proposta de troca bastante interessante e nos deram permissão para contatar o time de Cleveland. Nossa última opção tinha funcionado. Deu ao outro lado a "sensação de estar no controle".

Assim, conseguimos resolver o problema nos utilizando de opções criativas em vez de pressão ou ultimatos. O Angels fez uma proposta inapropriada, demorou demais a corrigi-la e nos deu a chance de pedir a liberação do passe de Brian. Mas, em vez de obrigá-los a assumir uma posição, planejamos e colocamos em ação uma estratégia com diversas opções. Mesmo diante de sua obstinação, continuamos a propor soluções diferentes até que finalmente uma delas se mostrou interessante tanto para eles quanto para nosso cliente.

Se tivéssemos optado pela força e pela oposição direta, o que teria acontecido? Teríamos gerado uma situação desconfortável. O Angels teria concordado em fechar um contrato dentro dos parâmetros do mercado, porém contra a sua vontade. Poderiam esperar até que o passe de Brian ficasse livre, perderiam-no para outro time e ele poderia receber até um salário melhor, mas talvez não jogasse em um local de sua preferência. Ou se, contra todas as expectativas, o Angels entrasse com um processo e ganhasse a causa, iria mantê-lo em condições que iriam contra a sua vontade.

Seriam todos resultados negativos. Mas, no início do caso, não parecia haver solução, ou pelo menos nenhuma solução positiva (mais ou menos como na história do motorista que não tinha como dar carona às três pessoas durante a tempestade). Bill Bavasi e Tim Meade são executivos experientes e honestos do mundo do esporte, e estavam exercendo seu direito. Não iam acordar um dia, em meio às negociações, e achar que estávamos certos. Se alguém lhes perguntar hoje o resultado, com certeza dirão que encontramos juntos a melhor solução para uma situação complicada. Quando dois lados estão envolvidos em um confronto que envolve emoções e competição, é preciso mais do que simples acordos. É preciso haver uma solução. E para isso servem as opções criativas: encontrar uma saída para becos sem saída. Pode-se tentar voltar ou descobrir uma porta ou uma janela que ninguém pensou em usar (na história do carro o motorista podia deixá-lo com seu amigo para que levasse a velhinha para o hospital e ainda ficaria com o amor de sua vida). Às vezes as respostas mais perfeitas não são as mais óbvias. Requerem uma mente aberta e muita imaginação. Por isso são chamadas opções criativas.

Pós-escrito 1: Não há como saber se o outro lado considera ou não a proposta interessante. É preciso esperar algum tempo. Anos depois, em 2002, eu queria ingressos para levar minha família para assistir a *O Rei Leão*, em Nova York. Por intermédio do pessoal do escritório de Cal Ripken contatamos Tim Meade, que ainda trabalha para o Angels. Ele entrou em contato com a Disney, empresa a que pertencem tanto o time quanto a companhia produtora do filme. Pode ter certeza de que, se tivéssemos deixado uma imagem negativa após a negociação do passe de Brian Anderson, minha família não teria assistido ao espetáculo no camarote. Na verdade não teríamos sequer conseguido os ingressos. Foi uma vitória para ambos os lados. Enquanto assistíamos ao espetáculo, aplaudi tanto a orquestra maravilhosa quanto o fato de existirem opções criativas neste mundo.

Pós-escrito 2: Tivemos ainda mais certeza de que não havia ficado nenhum ressentimento após as negociações, quando voltamos a fazer contato com Bill Bavasi na temporada de 2004, representando outros jogadores. Se ele tivesse qualquer imagem negativa a nosso respeito, não teria nos atendido tão bem. Bill já não trabalhava mais para o Angels e sim para o Seattle Mariners como diretor de operações.

Representávamos o jogador Ben Davis, em seu primeiro contrato com o time, e também Raul Ibanez, que estava sendo transferido do Kansas City Royals. Em ambos os casos tínhamos de tratar diretamente com Bill... e ele conosco. Queríamos o melhor contrato para nossos clientes e ele para o clube. Tivemos de negociar muito para chegar a valores que agradassem a ambos os lados, mas nosso relacionamento anterior ajudou muito. Confiávamos uns nos outros. Além disso, as opções criativas que oferecemos a eles durante as negociações de Brian Anderson rendem até hoje benefícios para outros jogadores e para os clubes.

CAPÍTULO 17

EU DISSE – ELE DISSE
Como pôr fim a uma discussão sem agravá-la

E AGORA?

POIS BEM. VOCÊ APRENDEU MUITO BEM A TEORIA E EXPERIMENTOU CADA técnica N.I.C.E. de maneira sincera, com a mente aberta e demonstrando flexibilidade. Mas agora está sentado em frente àquele legítimo *bully* irracional. Ele não quer ceder sequer um milímetro na negociação. Parece ainda mais firme em sua posição do que no momento em que vocês começaram a conversar. Mal ouviu suas propostas e sondagens, praticamente ignorou suas idéias, ou seja, nem sequer lhe respondeu sobre suas propostas (você tem a impressão de que ele não o cumprimentaria nem que fosse o seu aniversário). Depois de todas as tentativas e alternativas possíveis e impossíveis, vocês ainda estão diante do mesmo impasse do início. E agora?

O que dizer a esse grandessíssimo *bully*? Como ele é insuportável! Será que vai me ouvir se eu gritar a plenos pulmões? E se jogar os objetos da sala em sua direção? Também posso me levantar e ir contar a todos os seus sócios e parceiros que estão lidando com um maníaco irresponsável. Ou enviar um *e-mail* a todos os seus contatos. Existe ainda a possibilidade de sabotar sua empresa, raptar seu cachorro ou contar à sua mãe. A tentação é grande, afinal somos todos humanos. Mas nosso conselho é evitar esse tipo de atitude.

Embora nosso método tenha garantia de sucesso, há pessoas que insistem em ser difíceis por puro prazer. A nós, infelizmente, resta apenas lidar com eles. É muito natural sentirmos exaustão depois de tentar todas as possibilidades e ter muita, muita frustração! Nossa única vontade é fazê-los pagar centavo por centavo do que nos devem, seja em dinheiro ou em sofrimento. Ficamos fantasiando cenas diabólicas para humilhá-los e fazê-los voltar de joelhos, implorando nosso perdão.

Um conselho: pode fantasiar à vontade, só não coloque em prática. Deixe a mente devanear bastante e depois volte à realidade.

O PROBLEMA COM A ARMA DA VINGANÇA É QUE O TIRO PODE SAIR PELA CULATRA

O desejo de vingança é natural, mas envolve a possibilidade de nos machucar-mos ainda mais ao tentar atingir nosso oponente. E isso só faz prolongar nossa agonia e nossos sentimentos negativos. A melhor coisa a fazer nesses casos, quando a pessoa difícil se mostra absolutamente irredutível, é pôr fim a uma discussão sem agravá-la. Virar as costas e seguir em frente deixa as coisas exatamente onde elas devem ficar: no passado. Claro, esse é um argumento racional e bastante difícil de colocar em prática por razões bem óbvias:

1. Nosso primeiro impulso é ensinar a pessoa a "não se meter conosco". (qualquer um se sente constrangido quando alguém espalha aos quatro ventos suas maldades)
2. Às vezes sentimos que não há outra opção a não ser lutar. (se a pessoa diz "sem chances de negociarmos" a vontade é de acabar com tudo de uma vez)

3. Nem sempre percebemos que o final nem sempre é o final. (O quê? E continuar a lidar com esses miseráveis?!)

O PREÇO DE SE TENTAR ENSINAR UMA LIÇÃO A PESSOAS DIFÍCEIS

Você deve se lembrar da história em que Mark e eu estávamos negociando com a companhia de prestação de serviços da Fortune 500 e a executiva principal começou a nos tratar mal. Mark não conseguiu neutralizar suas emoções (e eu também não consegui acalmá-lo). Ele acabou explodindo quando a executiva mentiu descaradamente e, com isso, deixamos de fazer negócio. Mark estava determinado a "ensinar uma lição" a aquela mulher fazendo com que fosse demitida. Entrou em contato com todos os que conhecia dentro da firma e comentou que a funcionária não agia de maneira ética e poderia manchar a imagem da empresa. Claro, estou usando linguagem figurada. Na verdade, o que ele fez foi muita fofoca. Ao final, o tiro acabou saindo pela culatra. Em vez de a empresa demitir a funcionária, acabou cancelando o contrato conosco. Mark sentiu-se "temporariamente" bem com sua vingança (imaginando que havia prejudicado a oponente), mas seu comportamento só serviu para criar uma situação delicada entre nós e o cliente. Sentimos as conseqüências de seus atos ainda durante um bom tempo.

Ao tentar ensinar algo à executiva, Mark aprendeu uma lição. Percebeu que em alguns casos reagir negativamente só agrava a situação. Se tivesse se afastado um pouco e neutralizado suas emoções, eu teria assumido o caso e tentado controlar o confronto. Talvez não tivéssemos perdido o cliente. Nunca se sabe qual teria sido o resultado. Talvez não estivesse em nosso destino fechar aquele contrato, mas se o relacionamento não fosse abalado teríamos oportunidade de oferecer serviços a outros departamentos (que gostavam de nosso trabalho). Em outras palavras, "o feitiço voltou-se contra o feiticeiro". A reação de

Mark é natural. Todos nos sentimos tentados a reagir em casos assim. É preciso uma grande dose de disciplina e determinação para resistir à "carga genética da vingança". Afinal, a humanidade tem agido assim desde os seus primórdios.

O TATUADOR *VERSUS* O DONO DO IMÓVEL

Quando eu era criança, meu pai (Joe) trabalhou durante as férias ajudando o dono de algumas casas a administrar seu negócio. Joe Jankowski se considerava um homem de negócios estável e equilibrado. Tudo tinha de ser especificado nos termos dos contratos e nunca havia tido problemas. Por isso não achou que haveria problema quando aquele homem grande, feio, todo tatuado e com aspecto rústico entrou no escritório querendo alugar um imóvel para abrir um salão de tatuagem. Não foram as tatuagens espalhadas pelo corpo do homem que incomodaram meu pai e sim as desculpas que ele arranjou ao final do mês para não pagar o aluguel. O problema estendeu-se pelos meses seguintes e meu pai, que continuou acompanhando os negócios do amigo, começou a perder a paciência ao ver que o inquilino estava quase um ano atrasado. Sem mais delongas, despejou o tatuador. E, não contente com isso, abriu um processo contra ele para receber o aluguel atrasado.

Vitória certa, você irá pensar. Meu pai deu uma lição no sujeito e seu amigo recebeu o dinheiro, correto?

Nada disso. Joe venceu a causa, mas ainda tinha de receber o dinheiro. Teve de mandar, mês após mês, cartas e intimações tentando falar com ele. O tatuador não apenas ignorou a dívida como passou a ameaçar nossa família. As ameaças começaram em tom velado: "Eu não continuaria se fosse você". Depois se tornaram mais sérias: "Se eu encontrá-lo na rua vou quebrar suas pernas". Joe ficou muito irritado e decidiu reagir, mas essa atitude o colocou (e a nossa família) em uma situação complicada.

Um dia o tatuador decidiu sair da cidade sem pagar o aluguel e ainda deixou o imóvel em péssimo estado. Valeu a pena toda aquela briga? Ou será que havia uma solução melhor?

A ALTERNATIVA DO "DEIXA PRA LÁ"

Quando se menciona essa opção, a maioria das pessoas responde: "até que eu gostaria, mas não tive alternativa senão revidar. Tentei resistir com todas as forças, mas não pude porque:

- se não reagisse, perderia meu emprego.
- não teria como me manter sem minha esposa/parceiro/sócio/chefe.
- é uma pessoa da família e não tenho simplesmente como me afastar dela."

São respostas sinceras e muitas vezes as pessoas não vêem como podem mudar sua situação. Sabemos que não se pode tomar essa atitude de imediato, deixando as coisas como estão ao lidar com alguém difícil. Mas propomos soluções a longo prazo:

- se você não tem como deixar o emprego porque precisa do salário, continue nele mas se proponha a encontrar outro em pouco tempo.
- se ainda não tem como se manter financeiramente, comece imediatamente a guardar dinheiro ou a procurar maneiras de sobreviver por conta própria.
- se a pessoa é de sua família, tente encontrar maneiras de se afastar aos poucos até não precisar ter contato com ela, com tanta freqüência.

Deixar para lá é sempre uma opção interessante, mesmo que não possa ser colocada em prática imediatamente. Lembra-se da história "Aquele maldito chefe"? Era o pesadelo de uma das participantes de nosso seminário que trabalhava para um *bully* tirânico, exigente e sarcástico (entre outras qualidades). Nós a treinamos e aconselhamos, ela aplicou as técnicas N.I.C.E. e conseguiu reverter a situação. Ela se sentia presa ao emprego porque precisava do salário (seria uma situação muito pior se o *bully* fosse seu irmão ou alguém da família que ela não pudesse deixar). Como você deve se lembrar, fizemos um levantamento de todos os aspectos da personalidade de nossa cliente, de seus valores a habilidades. Mostramos a ela todas as possibilidades de carreira que teria no mercado. Havia várias alternativas. Ela percebeu que poderia viver com um salário menor se fosse necessário e mudar de profissão. Chegamos a encaminhar seu currículo a empresas, e ela recebeu propostas muito boas, até melhores que seu emprego atual. Então, mais bem estruturada e preparada para ir embora, já não se sentia à mercê de seu chefe. Pela primeira vez ela se sentia livre. O caso dessa cliente ilustra muito bem: 1) a necessidade e o poder que todos temos de sair das situações que nos incomodam e 2) maneiras específicas de nos prepararmos para o confronto, ainda que a longo prazo.

Como se preparar para sair da situação

1. Peça a um amigo/profissional que o ajude a ver e analisar a situação sob uma perspectiva diferente (por estar envolvido emocionalmente, você não consegue ver a situação de maneira objetiva e sente-se preso a ela).
2. Faça um levantamento de todos os aspectos em que a pessoa parece ter alguma forma de poder ou influência sobre você.
3. Tente ver a situação de maneira racional para identificar até que ponto a pessoa realmente tem poder sobre você (com a ajuda do amigo ou profissional que escolheu).

4. Faça um levantamento de todos os aspectos em que você tem poder sobre a pessoa ou em relação à situação.
5. Trabalhe com a pior possibilidade, ou seja, imagine tudo o que pode acontecer se você desistir e se afastar (nesse caso é melhor trabalhar sozinho, sem a ajuda do amigo/profissional. Ninguém melhor que você para imaginar o que de pior pode acontecer).
6. Faça uma lista de todos os aspectos que precisam ser trabalhados antes que a decisão seja tomada:
    - despesas/economia e prazos
    - recuperar/substituir clientes perdidos
    - impacto/mudanças em sua carreira
    - mudança no relacionamento/explicação da situação a família e amigos
7. Faça uma lista de providências a serem tomadas com relação a cada item da lista.
8. Estabeleça um prazo (realista). Peça a seu amigo/profissional que o ajude a se manter dentro desses prazos e a fazer ajustes necessários.

Paz de espírito: preparar-se para sair da situação também é um método de manter a sanidade mental. Só o fato de estar planejando todos os passos e de saber que, em breve, o cenário pode se modificar, já ajuda a manter a paz de espírito.

É O FINAL MESMO?
TALVEZ SIM, TALVEZ NÃO.

Um argumento muito lógico para interromper ou terminar um confronto sem agravá-lo é que nem sempre a situação termina quando imaginamos. Pode ser apenas uma pausa, um hiato ou o final de uma parte do relacionamento. Um acordo pode ser modificado quando uma empresa muda de dono. A nova diretoria pode mudar de idéia quando: a) o foco do mercado se modifica ou b) a demanda e a oferta deixam de ser as mesmas. Um relacionamento tenso pode se tornar mais tranqüilo quando a outra parte descobre que precisa de seus serviços novamente. O presidente de clubes de beisebol Billy Martin foi contratado e demitido três vezes por George Steinbrenner do New York Yankees (até que foi demitido definitivamente). Richard Nixon perdeu a eleição para presidente em 1960 e encerrou sua carreira política... até 1968, quando foi eleito por uma grande margem de votos. Simon e Garfunkel se separaram, depois voltaram a cantar juntos. Todo ano centenas de casais que se divorciam voltam a se casar. O filme *O poderoso chefão* tinha terminado quando Vito Corleone morreu... até o lançamento do *O poderoso chefão parte 2* quando Michael Corleone assumiu sua posição.

> "As coisas não acabam até que tenham terminado."
>
> YOGI BERRA

SÓ POR PREVENÇÃO...

Terminar uma situação sem agravá-la permite deixar a experiência ruim para trás (pelo menos durante algum tempo), mas também possibilita deixar a porta aberta caso seja necessário retomá-la no futuro. Assim evitam-se traumas e dissabores e também evita deixar a impressão de fuga ou medo.

O risco de deixar que as coisas fujam ao controle e acabar atacando alguém ou se vingando é que nunca se sabe quando/onde/como se irá encontrar a pessoa novamente. Ao deixar a porta aberta, podemos ao menos tentar negociar e recuperar o contato e fazer negócio com um cliente ou um relacionamento que, de outra forma, poderia estar perdido para sempre. Como dizem por aí, o mundo é muito pequeno.

Veja uma história clássica de como se pode contornar o confronto sem agravá-lo. Claro, tivemos de nos controlar muito para não ceder à tentação de nos vingarmos. Ao contar como foi a experiência, Ron mostra que vale a pena (na maioria das situações) evitar o confronto direto.

EU DISSE – ELE DISSE
TODOS OS MOTIVOS PARA NÃO INICIAR UMA BATALHA

Na primeira edição de nosso livro anterior, *The power of nice* [O poder da gentileza], contamos uma história que ilustra os resultados negativos de ceder à tentação de partir para a vingança ou para um confronto direto. Fui empresário de Oprah Winfrey no início de sua carreira, quando estava se estabelecendo no mercado de Chicago. Mas então outro empresário surgiu, e ela o contratou. Por pressão de meus amigos e colegas, insisti em receber tudo o que ela me devia. Consegui o dinheiro, mas perdi um contato precioso. (Conte todas as vitórias e derrotas que já teve em sua vida e verá que todas as vezes que iniciou um confronto você acabou perdendo mais que ganhou). Com o tempo consegui me aproximar dela novamente, mas a vitória imediata não compensou a perda a longo prazo.

A história também me ensinou outra lição. Ao abrir um processo contra Oprah, mencionei que ela havia contratado outro agente em Chicago (que mais tarde se tornou um grande executivo da televisão). Além disso, minha versão do processo, que envolvia provas de diferentes fontes, diferia bastante da dele. Quando soube que eu iria publicar a história, neste livro, entrou em contato comigo para dizer que não concordava. Fiquei surpreso com sua ligação, mas ouvi tudo o que tinha a dizer e disse que lhe daria um retorno.

Capítulo 17 | Eu disse – ele disse

Para ser honesto, minha primeira idéia foi refutar todas as suas afirmações. Tinha certeza de que estava agindo de maneira correta e exercendo meus direitos. Para garantir que o processo seguiria em frente, contatei meus amigos e colegas, Mark e o litigante Paul Sandler. Mark examinou o texto novamente e perguntou se era exatamente aquilo que eu queria. Respondi que sim, mas senti que ele tinha dúvidas. Perguntei então a Paul quais poderiam ser as conseqüências. Ele disse: "Ele pode exigir que omitamos este trecho do livro ou que a refaçamos para que esteja de acordo com sua versão dos fatos. Poderia até mesmo nos processar, alegando injúria e difamação. Não sei se vale a pena correr tal risco e ter tantos problemas. O juiz nos daria ganho de causa? Talvez. Tudo dependeria de qual história fosse mais convincente, a nossa ou a dele".

Ficamos de pensar mais um pouco antes de tomar uma decisão.

Enquanto isso, entrei em contato com o editor. Ele se reuniu com sua diretoria e me disse depois que caberia a nós, autores, a decisão de incluir ou não o material. Mas lembrou que o simples fato de a notícia chegar ao público ajudaria a vender muito mais exemplares.

Mark, Paul e eu nos reunimos no dia seguinte e avaliamos todas as nossas opções. Poderíamos seguir em frente e nos proteger da batalha que se seguiria, mantendo nossa versão da história. Eu já havia até entrado em contato com os colegas que ajudaram a compô-la reunindo os fatos. Tudo batia, mas poderíamos ter esquecido alguns detalhes. Em último caso poderíamos até afirmar que a imagem dele não seria afetada só porque mencionamos a história em nosso material. Além disso, estávamos na fase final de produção e o livro já tinha ido para a gráfica. As livrarias aguardavam o material para o lançamento. A editora já pensava até em uma nova edição. E não havia necessidade de omitir a história já que tínhamos certeza de que nossa versão era verdadeira. Podíamos manter nossa posição e seguir em frente, enfrentando todas as batalhas e confrontos, fossem eles agradáveis ou não, para provar que estávamos certos. O único inconveniente é que a situação somente iria agravar...

Mas havia a possibilidade de que não estivéssemos 100 por cento corretos. Talvez a versão do outro empresário fosse mais precisa, ou mais próxima do que realmente aconteceu. Alguns de meus amigos poderiam ter se esquecido de detalhes importantes. Podia ser que nossa versão da história estivesse correta, mas que algo estivesse faltando. Afinal, somos apenas seres humanos. Então, o que ganharíamos deixando que a situação agravasse? Por outro lado, o que aconteceria se desistíssemos? Será que ainda havia como me desculpar com ele por ter publicado uma história não tão verdadeira e cometido uma injustiça? Já que uma segunda edição seria publicada em seguida, poderíamos revisar a história para que estivesse de acordo com a versão dele? Haveria uma maneira de pôr um fim à situação sem torná-la ainda pior?

Foi o que decidimos fazer. Escrevi-lhe uma carta que terminava com a seguinte frase: "Espero que, de alguma maneira, nossos caminhos se cruzem e que possamos superar nossas diferenças e deixar todos os fatos desagradáveis para trás".

O empresário, agora um executivo do mundo da televisão, concordou comigo. Na verdade, creio que já deixamos de lado as diferenças, pois, antes de escrever este livro, fiz questão de entrar em contato com ele para que publicássemos sua versão da história, que você acabou de ler.

Fim (sem confrontos ou mágoas)

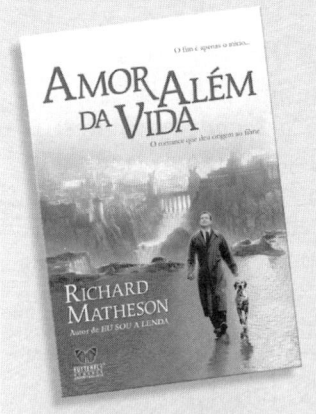

Richard Matheson

AMOR ALÉM DA VIDA

Se você amou o filme, vai adorar o livro! Este é o *best-seller* que deu origem ao sucesso do cinema que emocionou milhões de pessoas! Conheça a história completa de Annie e Chris e viva emoções ainda mais intensas! Descubra, entre dois mundos, a incrível força do amor para a qual não existem barreiras.

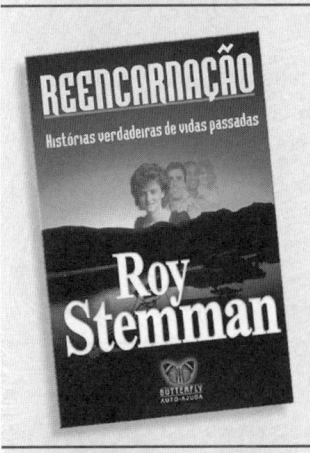

Roy Stemman

REENCARNAÇÃO

Toda a verdade sobre a reencarnação. Casos extraordinários revelam a realidade da reencarnação. Por que, quando e onde reencarnaremos? Reencontraremos nossos entes queridos? Mudaremos de sexo? Exemplos verídicos respondem a essas e a muitas outras perguntas...

Carla Wills-Brandon

UM ÚLTIMO ABRAÇO ANTES DE PARTIR

Depoimentos incríveis revelam a presença inegável de parentes e amigos – que já não fazem mais parte deste mundo – ao lado daqueles que se preparam para partir para o outro lado da vida. Pesquisas e relatos que comprovam a realidade das visões no leito de morte.

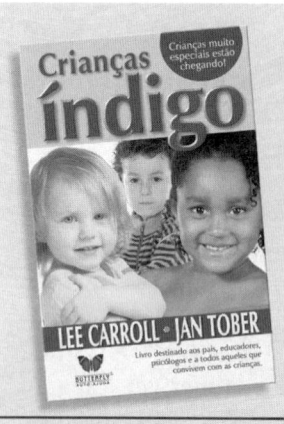

Lee Carroll & Jan Tober

CRIANÇAS ÍNDIGO

Preparadas na espiritualidade, são diferentes e estão nascendo em todos os continentes. Neste livro – traduzido para vários idiomas, *best-seller* nos Estados Unidos – pais, educadores e psicólogos encontram tudo o que precisam saber para entender e conviver com as crianças índigo – líderes de um mundo em transformação.

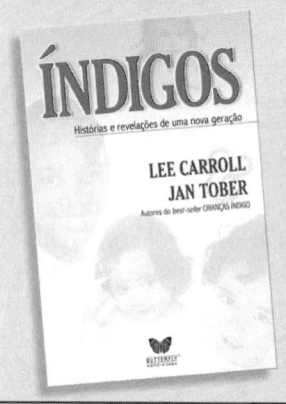

Lee Carroll & Jan Tober

ÍNDIGOS

Por toda parte, crianças, jovens e adultos *índigo* – cujo comportamento a psicologia ainda não classificou – estão provocando reações e mudanças. Este livro, dos mesmos autores do *best-seller Crianças Índigo*, traduzido para vários idiomas, reúne depoimentos e casos verídicos para você desvendar o espírito dessa nova geração.

Egidio Vecchio

EDUCANDO CRIANÇAS ÍNDIGO

Quem são as crianças índigo que estão nascendo por toda parte e que tratam os adultos de igual para igual? Por que são tão questionadoras? Como educá-las para que cresçam saudáveis e integradas à família e à sociedade? Pais, educadores e profissionais da área da saúde precisam deste livro, único no seu gênero.

Querendo conhecer outros livros da Butterfly Editora, basta acessar o site www.flyed.com.br ou solicitar um catálogo sem compromisso pela Caixa Postal 67545 – Ag. Almeida Lima – CEP 03102-970 – São Paulo – SP.

A Butterfly Editora juntamente com sua distribuidora, a Petit Editora, terão muita satisfação em cadastrar seu nome na lista de clientes preferenciais. Para isso, é só preencher o questionário abaixo e aguardar nossos informativos sobre os lançamentos.

Nome: ....

End.: .... nº: ....

Bairro: .... Compl.: ....

CEP: .... Cidade: .... Estado: ....

Tel.: .... Fax: .... Data nasc.: ....

E-mail: .... Sexo: ☐ M ☐ F

Estado civil: ☐ solteiro (a)   ☐ divorciado (a)
☐ casado (a)   ☐ outros
☐ viúvo (a)

Formação escolar: ☐ ensino fundamental   ☐ superior
☐ ensino médio   ☐ pós-graduado

Ocupação: ☐ professor   ☐ profissional liberal
☐ estudante   ☐ autônomo
☐ empregado setor privado   ☐ aposentado
☐ empregado setor público   ☐ prendas domésticas
☐ empresário   ☐ ....

Onde você comprou este livro? ....

Aspecto mais interessante: ☐ preço   ☐ autor
☐ capa   ☐ editora
☐ assunto

Quantos livros comprou no último ano? ☐ até 12
☐ de 12 a 20
☐ mais de 20

Faça um comentário sobre o livro: ....
....
....
....
....

—————————— DOBRE AQUI E COLE ——————————

Carta Resposta
3873/01/DR-SPM
PETIT EDITORA
CORREIOS

CARTA–RESPOSTA
NÃO É NECESSÁRIO SELAR

O SELO SERÁ PAGO POR
PETIT EDITORA
Distribuidora exclusiva da Butterfly Editora

AC VILA ESPERANÇA
03653-999 SÃO PAULO – SP

—————————— DOBRE AQUI ——————————

Endereço: ....

Remetente: ....